SAHARA

L'ESTHÉTIQUE DE GILLES DELEUZE

BIBLIOTHÈQUE D'HISTOIRE DE LA PHILOSOPHIE

Fondateur H. GOUHIER   Directeur J.-F. COURTINE

Mireille BUYDENS

SAHARA

L'ESTHÉTIQUE DE GILLES DELEUZE

Lettre-Préface de Gilles Deleuze

PARIS

LIBRAIRIE PHILOSOPHIQUE J. VRIN

6, Place de la Sorbonne, V e

2005

© *Librairie Philosophique J. VRIN,* 2005,

pour la présente édition

Imprimé en France

ISBN 2-7116-1764-5

www.vrin.fr

LETTRE-PRÉFACE[*]

Chère madame,

Merci de votre envoi. J'ai lu votre travail tout de suite, trop rapidement pour en parler comme il faudrait, mais suffisamment pour être très sensible à un tel hommage que je ne suis pas sûr de mériter. Centrer votre analyse sur la « forme » me semble une idée excellente. C'est une analyse très rigoureuse et bien menée, pleine de talent. Et je crois que vous avez vu, à votre façon personnelle, ce qui est l'essentiel pour moi, ce « vitalisme » ou une conception de la vie comme puissance non-organique. (La notion de Présence, même si j'emploie le mot, ne m'intéresse pas beaucoup, c'est trop pieux, c'est la « vie » qui me semble l'essentiel). En tout cas vous m'avez donné l'envie d'écrire d'avantage sur la musique. Je vous remercie d'un travail si remarquable et que j'ai lu avec beaucoup de reconnaissance.

Sincèrement vôtre,

Gilles Deleuze

---

[*] [N.d.É.] M. Gilles Deleuze a autorisé notre jeune auteur à utiliser la présente lettre.

AVANT-PROPOS

L'histoire de la philosophie, déclare Deleuze[1] doit « non pas redire ce que dit un philosophe, mais dire ce qu'il sous-entendait nécessairement, ce qu'il ne disait pas et qui est pourtant présent dans ce qu'il dit ». Si la philosophie appliquée aux philosophes a donc un sens, ce n'est autre que de thématiser les fondations et les prolongements qui supportent et poursuivent le discours considéré. De quel socle problématique ce concept est-il redevable ? Quels agencements, quel monde, obtient-on à suivre les pistes qui germent en lui ? Telles sont les questions qui déterminent et constituent l'entreprise de l'historien de la philosophie : expédition (toujours risquée) aux sources et aux deltas d'un texte, archéologie constructive traçant l'épure de son propre objet.

Mais que donne ce procédé appliqué à Deleuze lui-même ? Quel portrait conceptuel pourrait-on en esquisser qui produirait la ressemblance sans en constituer une reproduction ? Qu'obtient-on, à tenter la cristallisation de ses agencements implicites, ou le précipité des fantômes qui le hantent ? Il s'agirait en somme de tracer la carte (une carte possible) des sous-entendus, nervures ou connections souterraines qui

---

1. « Signes et événements », propos de Gilles Deleuze recueillis par R. Bellour et F. Ewald, *Magazine littéraire*, septembre 1988, p. 16.

trament la pensée deleuzienne, soit encore, en d'autres termes, de condenser les flux qui (en amont) la travaillent et de prolonger (en aval) les lignes qu'elle déploie. Cela suppose concrètement la sélection d'une perspective ou d'une problématique qui puisse servir de fil conducteur à l'entreprise : l'esthétique sera la nôtre, en raison du rôle pilote que Deleuze accorde à l'art, jusque et y compris dans la réflexion philosophique : « La recherche de nouveaux moyens d'expression philosophiques fut inaugurée par Nietzsche, et doit être aujourd'hui poursuivie en rapport avec le renouvellement de certains autres arts, par exemple le théâtre ou le cinéma », peut-on lire dans *Différence et répétition*[1] ; et l'auteur ajoute quelques pages plus loin : « quand l'œuvre moderne (…) développe ses séries permutantes et ses structures circulaires, elle *indique à la philosophie* un chemin qui conduit à l'abandon de la représentation »[2].

C'est à cette esthétique que nous entendons nous atteler, en prenant pour axe de nos investigations une question qui en constitue incontestablement un point d'ancrage privilégié, à savoir *le statut du concept de forme*. Les acceptions du terme de forme étant infiniment nombreuses, il convient tout d'abord de cerner sinon de délimiter le sens que nous entendons lui conférer. Il ne s'agit certes pas d'en proposer dans cette introduction une définition qui se prétendrait suffisante : une telle notion n'est guère susceptible que d'une démarche d'éclairement, et toute tentative pour en fixer le sens en perdrait irrémédiablement la richesse polysémique. Aussi nous contenterons nous d'en déterminer une acception opératoire, qui s'affinera

---

1. Deleuze, *Différence et répétition*, Paris, PUF, 1969, p. 5. Nous utiliserons dorénavant l'abréviation *D.R.*
2. *D.R.*, p. 94.

par ailleurs au fil des pages. Nous partirons par provision de quatre définitions assez générales.

La première, la plus atypique, est celle du *Littré*, qui définit la forme comme « l'ensemble des qualités d'un être, ce qui détermine la matière à être telle ou telle chose ». La seconde, nous la prendrons au *Vocabulaire technique et critique de la Philosophie* d'André Lalande, qui donne de ce terme la définition suivante[1] : « Figure géométrique constituée par les contours d'un objet. S'oppose à la matière dont cet objet est fait (…). Par métaphore, et par tradition du sens très large donné dans l'École à l'opposition de la forme et de la matière, ces mots sont appliqués à toutes les oppositions analogues ». Ainsi par exemple, on opposera la forme d'une opération de l'entendement, constituée par la nature du rapport existant entre ses termes, et la matière ou contenu de cette opération, constituée par les termes eux-mêmes dans leur signification propre. L'accent n'est plus placé ici sur la notion de qualité mais sur l'idée de contour, de relation ou de rapport. La troisième définition nous introduit dans le champ de l'esthétique puisqu'elle est empruntée à Henri Focillon qui, parlant de la forme plastique, la définit comme « une construction de l'espace et de la matière »[2], c'est-à-dire l'alliance du contour et du matériau qu'il enserre. Enfin, la quatrième définition que nous invoquerons concerne cette fois la forme musicale. André Hodeir la caractérise ainsi : « la forme, c'est la manière dont une œuvre s'efforce d'atteindre l'unité »[3].

---

1. A. Lalande, *Vocabulaire technique et critique de la philosophie*, Paris, PUF, voir « Forme ».

2. H. Focillon, *Vie des formes*, Paris, PUF, 1943, p. 3.

3. A. Hodeir, *Les formes de la musique*, « Que sais-je ? », Paris, PUF, 10e éd. 1986, p. 18.

Ces définitions semblent mettre en cause trois éléments : l'idée d'un ensemble de qualités ou de caractères, l'idée de contour, de relation ou de lien, et l'idée d'unité. *Nous situant au carrefour de ces quatre définitions, nous considérerons dès lors la forme comme un contour (un lien, idéal ou réel) opérant la caractérisation d'un ensemble (d'idées, de matières, de procédures...) et le constituant de ce fait en un individué (une unité)*[1].

Cette acception opératoire de la notion de forme étant établie, nous nous proposons à présent de voir quel statut lui est octroyé dans la pensée deleuzienne, en abordant tout d'abord cette question dans le cadre de la réflexion théorique et pratique générale de cet auteur (ce qui suppose d'en rappeler les nervures essentielles), avant d'envisager le problème dans sa dimension spécifiquement esthétique.

1. Dans le même sens, Dalhaus (et les références citées), *Science de la musique*, dictionnaire réalisé sous la direction de M. Honegger, Paris, Bordas, 1976, voir « Forme ». La définition qu'il propose est : « La forme, c'est l'unité dans la diversité ». Cette unité peut résulter de la structure mais également du procédé d'écriture (fugue), de la fonction de l'œuvre (prédule), du texte (messe)...

Première partie

LA FORME DANS LA PENSÉE THÉORIQUE ET PRATIQUE DE GILLES DELEUZE

Chapitre premier

STATUT THÉORIQUE ET PRATIQUE
DU CONCEPT DE FORME

Statut théorique

Pour cerner le statut et la consistance octroyés au concept de forme dans la pensée deleuzienne, il convient tout d'abord de se tourner brièvement vers ce qui en constitue architectoniquement le point de départ, à savoir le champ transcendantal dans lequel le monde s'inscrit. Envisagé du point de vue de sa « localisation » théorique, il nous apparaît comme situé à la *surface* des choses. Se référant à la pensée stoïcienne telle que l'a notamment lue Émile Bréhier[1], Deleuze nous propose de concevoir le monde de l'effectivité (le monde « concret ») comme constitué par les corps, leurs facultés, leurs actions et leurs passions, ainsi que par les états de choses correspondants[2]. Ces états de choses, actions et passions sont déterminés

---

1. É. Bréhier, *La théorie des incorporels dans l'ancien stoïcisme*, Paris, Vrin, 1908.
2. *Logique du sens*, Paris, Minuit, 1969, p. 12. Nous utiliserons dorénavant l'abréviation *L.S.*

par les mélanges entre les corps [1]. Ce monde corporel, effectif, *épuise l'être* : nulle idée ne se trouve retranchée en une quelconque région plus « authentique » de celui-ci. Toutefois, à la surface de cet être *subsiste* (et non *existe*, puisque nous quittons le monde de l'être et de l'existence) un extra-être incorporel constitué des effets ou *événements* qui résultent des actions et des passions des corps. Cet extra-être (ou champ transcendantal chez Deleuze) est ainsi celui de l'événement *considéré en lui-même,* tandis que l'être englobe les corps et les actions « réalisés » (actualisés). Cette nouvelle bipartition stoïcienne (d'une part les états de choses quantitatifs et qualitatifs, d'autre part les quasi-effets ou événements) a pour conséquence, nous dit Deleuze, un bouleversement de la philosophie (notamment platonicienne) puisque le transcendantal ne ressortit plus à l'être (comme c'était le cas du monde des idées) mais bien à un extra-être, « quelque chose, *aliquid*, en tant qu'il subsume l'être et le non-être, les existences et les insistances » [2]. De ce fait, l'idéel, au lieu d'être une profondeur doublant l'apparence, remonte au contraire à l'extrême pointe de la surface… Sans développer plus avant cet aspect, nous retiendrons toutefois cette caractérisation du transcendantal comme extra-être subsistant à la surface des choses, pure virtualité qui aura à s'actualiser dans la sphère de l'effectivité, sans jamais pourtant que celle-ci ne parvienne à l'épuiser totalement : il faut penser le monde à partir d'un potentiel qui le déborde et l'excède, sans pour autant exister en dehors, comme sa propre limite ou la réserve obscure dont il tire sa force [3].

Voilà donc, très succinctement, pour ce qui est de la caractérisation du transcendantal comme virtualité. Si l'on

1. *L.S.*, p. 12.
2. *L.S.*, p. 14.
3. *Le Pli*, Paris, Minuit, 1988, p. 141-142.

s'interroge à présent non plus sur la question « extrinsèque » de sa situation comme subsistance mais bien sur la question « intrinsèque » de sa nature, nous le découvrons constitué de « *singularités nomades, impersonnelles et préindividuelles* »[1]. Cette affirmation, qui scande la *Logique du sens*, apparaît sous forme de « profession de foi » dans l'avant-propos de *Différence et répétition*[2]. Nous en retrouvons également l'empreinte dans l'idée de moléculaire telle qu'elle se manifeste dans *Mille Plateaux*[3] ainsi que dans la lecture que Deleuze donnera du « dehors » foucaldien[4]. Enfin, c'est encore cette même intuition qui sous-tend l'interprétation de Leibniz présentée dans *Le Pli*[5].

Pour comprendre ce qu'il en est de ces singularités pré-individuelles constitutives du transcendantal, il convient de s'en rapporter à ce qui constitue incontestablement une référence fondamentale de Gilles Deleuze en cette matière, à savoir le livre de Simondon, *L'individu et sa genèse physico-biologique*[6]. Le propos de l'auteur y est précisément de dévoiler ce qu'il en est véritablement *du processus d'individuation* par-delà les contradictions dont l'a affublé la métaphysique classique. Simondon relève que toute tentative de mise en lumière du processus d'individuation s'est jusqu'à présent

---

1. *L.S.*, p. 149.

2. « Nous croyons en un monde où les individuations sont impersonnelles, et les singularités préindividuelles : la splendeur du ON », *D.R.*, p. 4.

3. Paris, Minuit, 1980. Nous utiliserons dorénavant l'abréviation *M.P.*

4. Ce dernier est présenté comme un « dehors informel (…) une zone de turbulence et d'ouragan, où s'agitent des points singuliers, et des rapports de force entre ces points », *Foucault*, Minuit 1986, p. 129.

5. *Le Pli, op. cit.* La monade nous est en effet présentée comme une « enveloppe » de singularités. Cf. *infra.*

6. Paris, PUF, 1964. *Cf.* essentiellement la première partie. Deleuze s'y réfère expressément dans *L.S.*, p. 141, en note.

heurtée à sa propre circularité, dans la mesure où elle n'expliquait l'individuation qu'à partir de termes eux-mêmes déjà individués, présupposant ainsi ce qu'elle avait à démontrer. L'auteur dégage alors ce qu'il présente comme les deux grands modèles philosophiques de cette élucidation circulaire : d'une part, le *substantialisme atomiste*, en vertu duquel toute chose est constituée d'atomes qui, pour avoir des statuts variables selon les tenants de cette conception, n'en sont pas moins toujours regardés comme des individués. Aussi « petit » soit-il, l'atome est en effet considéré par les philosophes atomistes comme quelque chose d'individué, voire même, nous dit Simondon, comme l'individu ultime et authentique dont résulte par agrégat toutes les choses individuées. D'autre part, nous trouvons le *modèle hylémorphique* en vertu duquel toute chose est constituée de « l'empreinte » d'une forme sur une matière impersonnelle. Que le principe d'individuation soit recherché dans l'un ou l'autre de ces deux termes, l'individu précède une fois de plus sa genèse puisque celle-ci est expliquée depuis un principe qui, en tant que tel, est déjà individué. De part et d'autre, on postule donc l'existence d'individués (atomes ou principes) pour expliquer le processus d'individuation lui-même[1]. Cette démarche, remarque l'auteur, procède

---

1. On peut toutefois se demander si on ne trouve pas là, en fin de compte, une aporie qui affecte toute investigation du fondement : comment une pensée peut-elle s'interroger sur ce qui est à son fondement, si ce n'est à partir d'elle-même ? Cette circularité n'est-elle pas inévitable dès lors que l'homme ne peut « sauter hors lui-même » pour envisager en extériorité la genèse de ce qu'il pense ? Comment exposer l'individuation si ce n'est à partir d'elle-même, puisqu'il est un fait que nous pensons en termes d« individués » ?

On pourrait transposer ici l'addition leibnizienne au sensualisme de Locke (« *Nihil est in intellectu, quod non fuerit in sensu... nisi intellectus ipse* »), et soutenir dès lors que rien n'est peut-être dans l'individu qui ne procède du pré-individuel, si ce n'est l'individu lui-même... Ce qui signifie que le préindividuel est une notion dégagée « en fin de parcours » par un raisonnement opéré dans tous les cas d'une ontogenèse à rebours : on part de l'individu et on remonte à un principe ou un élément constitutif lui-même individué. Outre la circularité de cette pensée qui va de l'individu à sa « matrice » individuée et inversement, on peut dénoter le privilège qui est simultanément octroyé à l'individué. C'est ce double fourvoiement qu'entend redresser Simondon, et d'une certaine manière Deleuze après lui. Il s'agit pour ce faire de soutenir que « l'être complet »[1] déborde l'individu (et il faut, vous l'aurez compris, entendre ce terme au sens large de forme individuée quelconque, conceptuelle ou matérielle), qui n'en est jamais qu'une actualisation particulière. Cette allégation d'un être complet *préindividuel* s'actualisant en individus particuliers permettra ainsi de saisir véritablement le processus d'individuation, puisqu'il sera dès lors saisi « par son dehors », et donc dans sa genèse authentique. Si cette démarche échappe à la circularité des précédentes, elle entraîne par ailleurs une destitution de l'individu comme donnée première. Dans ce cas en effet, l'individu serait alors saisi comme une réalité relative, une certaine phase de l'être qui suppose avant elle une réalité préindividuelle, et qui, même après l'individuation, n'existe pas toute seule, car l'individuation n'épuise pas d'un seul coup les potentiels de la réalité préindividuelle, et de plus, ce que l'individuation fait apparaître n'est pas seulement l'individu mais le couple individu-milieu[2]. L'individu est ainsi doublement relatif : d'une part, parce qu'il *n'est pas tout l'être* (Deleuze dira : parce qu'un extra-être subsiste toujours à la surface de l'être-individué), et d'autre part, parce qu'il « *résulte* » d'un état de l'être (extra-

en termes individués par un individu, et retrojeté *a posteriori* au fondement de l'individuation.

1. Simondon, *op. cit.*, p. 4.
2. *Ibid.*

être ou champ transcendantal) « en lequel il n'existait ni comme individu, ni comme principe d'individuation » [1].

Ce premier détour par Simondon nous fournit déjà un éclairage précieux sur le transcendantal deleuzien : nous voyons en effet que l'ambition première à laquelle répond l'allégation d'une réalité préindividuelle n'est autre que le renversement du privilège traditionnellement reconnu à l'individué, qui n'apparaît plus que comme l'actualisation particulière de quelque chose qui le dépasse. Or, qu'est-ce qu'un individu (*sensu lato*), si ce n'est précisément ce que nous avons plus haut défini comme une *forme*, dans sa double dimension de *limite* opérant la *caractérisation* d'un ensemble ? N'est-ce pas précisément la forme qui institue l'individu comme tel, traçant le contour qui le distingue du monde et le spécifie ? Si une telle équivalence peut effectivement être établie (ce que nous croyons), nous aurons alors progressé dans notre exploration du statut de la forme, puisque nous l'aurons découvert comme *second* et *relatif*. Toutefois, si tel est bien ce qui ressort de la lecture de Simondon et si ce dernier constitue indubitablement la référence fondamentale de Deleuze en cette matière, une telle élucidation par voie dérivée ne peut suffire à clore notre enquête. Tenons donc ceci pour une présomption dont il faudra trouver confirmation dans les textes deleuziens eux-mêmes.

Un premier élément en ce sens réside dans la caractérisation des singularités préindividuelles comme ne constituant en aucune manière des infiniment petits [2], et comme étant de

_____

1. Le préindividuel est « ontologiquement » premier par rapport à l'individuel.

2. *D.R.*, p. 221.

nature intensive[1]. La raison de l'allégation selon laquelle *les singularités ne sont pas des infinitésimaux* est à rechercher dans la constatation de Simondon concernant les atomes du substantialisme atomiste : pour petits qu'ils soient, ceux-ci n'en sont pas moins des individus, et il en résulte, comme nous le savons déjà, que l'on ne peut par ce biais accéder à une quelconque préindividualité. Tout au plus aura-t-on déplacé le niveau d'individuation, comme on aura également déplacé celui de la forme (puisque tous ces atomes en tant qu'individus, ont une forme). Si l'on veut véritablement dépasser la sphère de l'individuel (et donc de la forme), il faut donner aux singularités une nature qui ne l'implique pas : ce sera *l'intensité*.

Pour saisir ce qu'il en est de la nature intensive du transcendantal deleuzien, il nous faut une fois encore en revenir à Simondon : celui-ci définit la réalité préindividuelle comme quantique et métastable[2]. La *métastabilité* entend dépasser le dualisme classique du stable (comme « équilibre atteint dans un système lorsque toutes les transformations possibles ont été réalisées et que plus aucune force n'existe »)[3] et de l'instable (état précaire de déséquilibre qui se résout dans un nouvel état de stabilité). Le préindividuel se trouve en état d'équilibre métastable dans la mesure où, à la différence de l'équilibre stable qui « correspond au plus bas niveau d'énergie potentielle possible »[4] (l'homéostasie réalisée), il correspond au contraire au plus haut niveau d'énergie potentielle puisqu'il est la potentialité même (Deleuze dira : la virtualité)

---

1. L'intensité est une notion qui innerve l'intégralité de l'œuvre deleuzienne. *Cf.* note, *D.R.*, p. 80.

2. Simondon, *op. cit.*, p. 8.

3. *Ibid.*, p. 6.

4. *Ibid.*, p. 6.

qui n'a plus qu'à s'actualiser indéfiniment en individus particuliers. Par la notion de métastabilité comme « état de système »
du préindividuel, nous voyons ainsi apparaître une première
fois l'idée d'intensité comme caractéristique de ce dernier.

Métastable, le préindividuel est également qualifié de
quantique : Simondon entend par là qu'il est de nature à « se
manifester comme onde ou corpuscule, matière ou énergie »[1],
c'est-à-dire qu'il peut être défini comme *champ où s'échangent et se mesurent des quantités élémentaires d'énergie*.
Toutefois, si la théorie des quantas et celle de la mécanique
ondulatoire nous donnent effectivement une idée de ce qu'est
le préindividuel, il n'en reste pas moins qu'il ne s'agit là
que d'approximations toujours susceptibles de se fourvoyer
dans un atomisme implicite (les quantas comme « individus
physiques »…) ou un hylémorphisme larvé (l'onde comme
« forme », et les corpuscules comme « substrats »). Et
Simondon de conclure que « la nécessité de corriger et de
coupler les concepts de base en physique traduit peut-être
le fait que les concepts sont adéquats à la réalité individuée
seulement, et non à la réalité préindividuelle »[2]. Ainsi apparaît, par cette appréhension du préindividuel comme champ
énergétique ou grouillement de quantas, la seconde manifestation de l'idée d'intensité.

Défini en termes de métastabilité (comme état de système)
et de quantas (quantités élémentaires d'énergie), le préindividuel implique l'idée de *différence* : l'énergie dont il est
question est en effet une énergie potentielle selon l'acception
du terme reçue en physique. Or, rappelle Simondon, « la
capacité pour une énergie d'être potentielle est étroitement
liée à la présence d'une *relation d'hétérogénéité*, de dis-

1. *Ibid.*, p. 7.
2. Simondon, *op. cit.*, p. 8.

symétrie relativement à un autre support énergétique » [1], et il confirme plus loin : «(…) la réalité de l'énergie potentielle n'est pas celle d'un objet ou d'une substance consistant en elle-même et n'ayant besoin d'aucune autre chose pour exister ; elle a besoin, en effet, d'un système, c'est-à-dire au moins d'un autre terme » [2]. Il en résulte donc que l'énergie potentielle ne se conçoit que comme *différence* de potentiel. Apparaissant ainsi comme constitué de quantités élémentaires d'énergie potentielle non individuée et pourtant intrinsèquement hétérogène, le préindividuel peut être défini comme *un ensemble (indénombrable) de singularités intensives*.

Si le champ transcendantal apparaît ainsi constitué de singularités intensives, Deleuze n'en passe pas pour autant abruptement de celles-ci aux formes constituées (objets et sujets) de l'effectivité. Les singularités s'agencent en effet en *multiplicités*, qui ne sont autres que les idées et événements qui s'actualisent ensuite en choses et états de choses. Si le transcendantal apparaît donc fondamentalement comme un grouillement de singularités préindividuelles, nous voyons se dégager, *en un moment ontogénétique second*, des multiplicités qui les agencent et les rassemblent. Peut-on voir en ces dernières des formes transcendantales ? Si tel est le cas, dans quelle mesure et de quelle manière ? Quel est, en d'autres termes, le statut qui leur est octroyé ? Autant de questions qu'il convient à présent d'élucider.

La multiplicité, nous dit Deleuze, est tout d'abord à distinguer du multiple [3] en ce que ce dernier s'insère dans son opposition traditionnelle avec l'Un. Dans ce couple « classique », le multiple n'est pas considéré en lui-même mais bien

1. *Ibid.*, p. 76. C'est nous qui soulignons.
2. *Ibid.*, p. 77.
3. *M.P.*, note, p. 15.

rapporté à l'unité comme à ce qui le fonde ou le « transcende ». Cette unité première, par rapport à laquelle le multiple est nécessairement relatif, opère soit dans l'objet (comme signification constitutive), soit dans le sujet (comme foyer de la perception). Par cette opération, le multiple apparaît ainsi comme subordonné, totalisé dans une dimension supplémentaire « en surplomb ». Ainsi appréhendé par une extériorité objective (signification) ou subjective, celui-ci ne peut dès lors être regardé que comme « pseudo-multiplicité ». Face à ce couple classique de l'un et du multiple [1], Deleuze oppose la *multiplicité* comme « organisation propre au multiple en tant que tel, qui n'a nullement besoin de l'unité pour former un système » [2]. Alors que le multiple se voyait rapporté à une *extériorité totalisante*, la multiplicité sera au contraire définie comme *plate*, dans la mesure où elle ne se laisse pas surplomber par un signifiant ou une subjectivation. Négativement, le caractère « plat » de la multiplicité signifie donc son asignifiance et son asubjectivité. Positivement, on peut dire que la multiplicité « remplit toutes ses dimensions » [3], et qu'elle ne peut dès lors recevoir une dimension supplémentaire sans changer de nature. Remarquons que, si la multiplicité ne se laisse totaliser par aucune dimension supplémentaire « objective » ou « subjective », elle ne peut pas non plus, en toute logique, se laisser nommer (par un nom propre) ni dénombrer : qu'est-ce, en effet, que la nomination ou le dénombrement, si ce n'est une totalisation, un étiquetage, et une tentative de maîtrise de ce qui reçoit ainsi un nom et un nombre ? « Donner

---

1. Nous remarquerons que le couple, également « classique », du *même* et du *différent* fonctionne de la même manière : le même est posé comme premier et le différent est considéré relativement à lui, dans sa distance (négative) par rapport au foyer d'identité. *Cf.* à ce sujet, *D.R.*

2. *D.R.*, p. 236.

3. *M.P.*, p. 236.

un nom, c'est toujours, comme tout acte de naissance, sublimer une singularité et la livrer à la police »[1]. Telle semble en tous cas l'opinion de Deleuze, qui s'empresse dès lors de célébrer « la splendeur du ON »[2] et le naufrage des noms propres[3]. Quant au dénombrement, qu'il soit un diabolique instrument de maîtrise, voilà qui peut s'enorgueillir d'une prestigieuse tradition : le péché de David, inspiré par Satan lui-même, n'est-il pas précisément d'avoir dénombré Israël[4] ? Dénombrer, c'est mesurer l'œuvre de Dieu, et renier dès lors le point de vue immergé de la créature pour le coup d'œil surplombant de l'architecte. Bref, dénombrer, c'est nécessairement se placer au-dessus, en une position de maîtrise qui n'appartient qu'à Dieu. Péché d'orgueil…

Or, que fait Deleuze, si ce n'est précisément réitérer l'interdiction du dénombrement ? Ne comptez pas ! Ne totalisez pas ! Ne tentez pas ce coup de force qui serait pour la multiplicité un coup de grâce ! Et puis d'ailleurs, la multiplicité est *indénombrable*, puisqu'elle est à *n* dimensions[5]. *Le nombre n* vient donc sauver la multiplicité de tout surcodage par le dénombrement, de la même manière que les « dix mille milliers d'anges » du prophète Daniel[6] évaporaient par leur pléthore la tentation du nombre… Nous retrouverons plus loin cette double problématique, mais retenons dès à présent cette caractérisation (négative) du nom et du nombre comme instances surcodantes.

---

1. Derrida, *Glas*, Paris, Denoël-Gonthier, 1976, p. 9.
2. *D.R.*, p. 4.
3. *L.S.*, p. 10.
4. *Chroniques*, I, 21-1.
5. *M.P.*, p. 31.
6. *Daniel*, VII, 10.

L'opposition que nous venons d'envisager entre le multiple (ou pseudo-multiplicité) et la multiplicité authentique peut être récapitulée comme suit :

– D'une part, la pseudo-multiplicité apparaît comme rapportée à l'unité par une dimension totalisante (Deleuze envisage ici la signifiance et la subjectivation, mais nous avons vu que cela peut également s'appliquer au nom et au nombre). Cette dimension « surcodante » introduit *une distance au sein de la multiplicité elle-même* puisqu'elle lui appartient en tant que totalisation, mais « à distance » (en surplomb) en tant que précisément elle la totalise. La pseudo-multiplicité apparaît donc comme « trouée » d'une distance interne.

– D'autre part, la multiplicité authentique est définie comme plate dans la mesure où *aucune de ses dimensions ne se voit écartée par l'intervalle d'un surplomb*. En ce sens, on peut donc dire que la multiplicité est caractérisée par la présence ou l'immédiateté de ses dimensions, ce qui amènera Deleuze à la qualifier *d'intrinsèque* (puisque sans surcodage extrinsèque).

Ce caractère d'intrinsécité de la multiplicité, nous le retrouvons à l'œuvre dans la définition plus systématique que donne de celle-ci *Différence et répétition*. S'interrogeant sur les conditions auxquelles il est permis de parler de multiplicité, Deleuze en découvre trois [1] : « 1) Il faut que les éléments de la multiplicité n'aient ni forme sensible, ni signification conceptuelle, ni dès lors fonction assignable (…) mais au contraire, leur indétermination rend possible la manifestation de la différence en tant que libérée de toute subordination. 2) Il faut en effet que ces éléments soient déterminés mais réciproquement, par des rapports réciproques qui ne laissent supposer aucune indépendance (…). Mais toujours la multiplicité est

1. *D.R.*, p. 237.

définie de manière intrinsèque, sans en sortir ni recourir à un espace uniforme dans lequel elle serait plongée (…). 3) Une liaison multiple idéale, un rapport différentiel doit s'actualiser dans des relations spatio-temporelles diverses, en même temps que ses éléments s'incarnent actuellement dans des termes et formes variés ».

La troisième de ces conditions expose la virtualité de la multiplicité comme agencement transcendantal de singularités. Nous avons déjà envisagé comment le champ transcendantal virtuel, tout en présentant une réalité objective, avait à s'actualiser dans le champ de l'effectivité. En tant que système de liaison multiple non localisable entre éléments différentiels, la multiplicité (transcendantale) aura donc à s'incarner dans des relations et termes actuels.

La première de ces conditions ne nous est pas non plus inconnue : elle n'exprime rien d'autre en effet que la nature préindividuelle des singularités. Pour que cette dernière soit réalisée, il est nécessaire que ces éléments fondamentaux n'aient ni forme sensible, car celle-ci aboutirait à les individuer « matériellement », ni signification conceptuelle, car celle-ci équivaudrait à les individuer « intellectuellement ».

C'est à la seconde condition que nous nous attarderons à présent. Celle-ci expose en effet un trait essentiel de la multiplicité, à savoir son caractère *intrinsèque* ou *autonome* : la multiplicité nous est présentée comme un système dont la définition est *purement interne*, puisqu'elle dépend en tout et pour tout de la position respective des éléments qui la composent. Seules les relations réciproques entre les singularités caractérisent une multiplicité. La nature de celle-ci n'est donc pas autre chose que la carte de ses éléments. Or, ces derniers sont par ailleurs définis comme mouvants : la singularité est par essence nomade, mobile, toujours susceptible de modifier sa position sur la carte[1]. Nomade, la singularité est également libre de ses mouvements puisque, étant à égale distance des autres (ou «également différente»), aucune affinité ne préexiste qui serait susceptible de déterminer *a priori* l'agencement dans un sens ou dans l'autre. Il en résulte que toute multiplicité (toute idée ou tout événement) est frappée en son cœur même du sceau de la *contingence* : sa forme n'est guère nécessaire, mais résulte de l'agencement spontané et toujours modifiable des singularités. Chaque multiplicité pourrait ainsi être pensée comme un Sahara, dont la carte serait toujours à refaire au gré des sables...

Ce qui est assuré ainsi en dernière instance n'est autre que la plus grande *fluidité*, c'est-à-dire la plus grande *liberté*[2] du transcendantal : aucune forme extrinsèque ne vient y imprimer sa marque, et les formes intrinsèques elles-mêmes sont libres de toute nécessité puisqu'elles résultent des seules positions réciproques des singularités et que ces dernières sont elles-mêmes mouvantes et libres.

Dans tout ce qui précède, nous pressentons déjà ce que sera le statut de la multiplicité comme forme transcendantale : elle nous apparaît comme dès à présent régie par trois idées fondamentales :

– l'idée de *secondarité*, en ce que la multiplicité nous est apparue comme seconde par rapport aux singularités préindividuelles.

– l'idée d'*intrinsécité*, en ce qu'elle s'est révélée déterminée de l'intérieur d'elle-même par l'agencement de ses éléments.

---

1. *L.S.*, p. 76; *D.R.*, p. 356-357.
2. Nous reviendrons plus loin sur cette question.

– enfin, l'idée de *contingence*, en ce que ces agencements, constitués de singularités libres et mobiles, sont toujours modifiables.

Cette structure « floue » ou fluide de la multiplicité est désignée par le terme *série* ou *rhizome*. La multiplicité est donc, quant à sa structure, une série ou un rhizome[1]. Le choix de ces termes résulte probablement de ce qu'ils dénotent tous deux une organisation « minimale » et souple. Une série n'est en effet, à la prendre dans son sens premier, qu'une juxtaposition ou une suite de termes (par opposition à la structure *sensu stricto*, qui implique une idée de profondeur, de strates, d'organisation plus complexe)[2], tandis que le rhizome est une tige qui se caractérise précisément par le fait que, poussant horizontalement, elle prolifère sans se structurer binairement et sans qu'on puisse en fin de compte lui assigner un début et une fin (par opposition aux racines arborescentes, dichotomiques et hierarchisées). La série et le rhizome nous apparaissent donc comme des modèles d'organisation *linéaire* et *progressant de proche en proche* :

1) Linéaire : la série se présente en effet comme une *suite ou* une *juxtaposition*, toujours susceptible de se voir grossir d'un nouvel élément à l'une de ses extrémités. Par ce caractère

---

1. Le Littré définit le rhizome comme suit : « Tige souterrainement horizontale, qui s'allonge en poussant soit des rameaux, soit des feuilles à l'une de ses extrémités tandis qu'elle se détruit par l'autre ». Deleuze utilise ce terme essentiellement dans *M.P.*

2. Le Littré donne en effet deux directions à la définition de ce terme : une direction architecturale (la structure d'un édifice) et une direction anatomique (« mode d'agencement qui appartient aux corps organisés et grâce auquel ils sont composés de parties élémentaires multiples et diverses par leur nature »). Ce double sens constitue le sens strict du terme structure. Nous l'utiliserons également dans un sens large d'agencement sans connotation architecturale ou organique, ce qui nous autorisera à parler de structure sérielle.

« plat », elle s'oppose à la structure qui, dans sa dénotation architecturale ou anatomique, implique une idée de profondeur et d'organicisme. De même, le rhizome est une tige horizontale, donc une ligne de surface, par opposition à la racine arborescente poussant en profondeur. La *ligne* (modèle linéaire) est une figure privilégiée de la pensée deleuzienne, des fondements théoriques aux positions esthétiques. Souple, ductile, ouverte à toutes les torsions de la volonté et du hasard, elle est opposée au modèle ponctuel ou formel procédant par imbrications organiques et superpositions d'entités constituées et closes (le point, ou la forme comme système de points reliés).

2) Progressant de proche en proche : la série s'accroît par l'adjonction ou l'accolement d'un nouveau terme, qui se joint par l'extrémité à l'ensemble. Le rhizome lui aussi se propage, pousse par l'un de ses bouts. Ce type de progression par *contagion* s'oppose à la progression par *filiation*, où le terme nouveau est inséré à une place déterminée dans un système complexe hierarchisé et est pensé par rapport aux termes dont il est déduit.

Cette nature linéaire, souple, ductile de la structure sérielle ou rhizomatique apparaît avec une clarté particulière lorsqu'on parcourt les principes propres au rhizome, tels qu'ils sont exposés dans l'introduction de *Mille Plateaux*. Outre le principe de multiplicité que nous connaissons déjà, nous trouvons le *principe de connexion et d'hétérogénéité*, en vertu duquel « n'importe quel point d'un rhizome peut être connecté avec n'importe quel autre, et doit l'être »[1]. La structure rhizomatique agglomère donc l'hétérogène à l'hétérogène, sans qu'un ordre vienne canaliser la liberté des connexions. Cette même liberté se trouve confirmée par *le principe de rupture asignifiante* en vertu duquel « un rhizome peut être rompu,

1. *M.P.*, p. *13*.

brisé en un endroit quelconque »[1], contrairement aux structures arborescentes dont les points de rupture sont limitativement localisés et signifiants. Nous retrouvons ici l'aspect déterminant du modèle linéaire, à savoir sa ductilité et, de ce fait même, la *contingence de ses configurations* : la ligne se tord, se brise, trace une constellation, enserre l'inouï, mais jamais n'y succombe. Car la ligne est « antérieure » aux dessins qu'elle noue : elle ne s'y investit qu'à moitié, ne les inscrit que pour les fuir aussitôt. Capturer la ligne dans le contour qu'elle trace serait la cristalliser en son contraire : la forme, une ligne morte. Aussi la ligne suppose-t-elle, comme ce qui constitue sa vie même, d'être rompue, brisée, connectée sans répit ni préméditation signifiante (car si la figure tracée se voit dotée d'une signification, n'est-elle pas de ce fait même cristallisée, arrimée dans le message qu'elle est censée avoir exprimé ? La signifiance est une façon d'éterniser, de transformer le précaire en signe conservable). Ces figures contingentes et précaires, subordonnées à la mobilité de la ligne, sont qualifiées par Deleuze d'*heccéité*. L'heccéité désigne un *mode d'individuation par composition d'hétérogènes*, qui s'oppose à l'individuation « classique » des personnes et des choses. L'heccéité est ce qui résulte de la connexion, de la « participation contre nature » entre deux éléments. Ainsi, un degré de chaleur peut se composer avec une intensité de blanc, et former ainsi une atmosphère blanche d'été chaud. De même, constitue une heccéité un loup-garou-à-la-pleine-lune ou un chien-maigre-dans-la-rue : branchement, connexion d'hétérogènes constituant, l'espace d'un instant, un individu inouï et sans nécessité. Une ligne trace l'heccéité, selon le génie du regard qui trace la ligne. « Le chien maigre court dans la rue, le chien

---

1. *M.P.*, p. *16*.

maigre est la rue » crie Virginia Woolf[1] : elle trace une ligne, crée une heccéité, c'est-à-dire une forme produite, ductile, précaire, inédite. Nous reviendrons plus loin sur cette notion qui, l'on s'en doute, se révèlera capitale pour notre problématique.

Vient ensuite, au titre de cinquième et sixième principe du rhizome, le double principe de *cartographie* et de *décalcomanie*[2], par lequel il est affirmé que le rhizome est une carte et non un calque. Le calque est le modèle de tout système arborescent (c'est-à-dire stratifié, hiérarchisé, formalisé), car il implique l'idée de reproduction, et plus profondément, de *représentation*. Or le système arborescent se définit précisément par le fait qu'il représente, et ce dans un triple sens :

1) Tout d'abord, au sens où représenter c'est *mettre à distance*. Toute représentation implique un intervalle entre le représentant, le représenté et celui qui assiste à la représentation (et qui peut coïncider avec le représentant, au cas où je me représente quelque chose). Or, lorsque nous mettons à distance quelque chose pour le représenter, que faisons-nous, sinon le *totaliser* ? Nous le totalisons une première fois dans le système de notre représentation (c'est-à-dire dans l'épure que nous traçons et qui est censée reproduire l'essentiel de la chose représentée), et une seconde fois en nous en tant que sujet spectateur[3]. La représentation dénie ainsi le caractère plat de la multiplicité, puisqu'elle la réduit dans la double totalisation de sa double distance.

---

1. Cité par Deleuze, *M.P.*, p. 321.
2. *M.P.*, p. 19-20.
3. Deleuze nous apprend en effet que la totalisation se produit une première fois dans l'objet, par le système de significations qui lui est imposé, et une seconde fois dans le sujet comme foyer de la perception. *M.P.*, p. 14-15.

2) Ensuite, représenter implique que l'on se propose de *représenter quelque chose qui existe objectivement* (fût-ce dans les fantasmes d'un sujet…). La représentation, nous dit Deleuze, se présente comme le calque « de quelque chose qu'on se donne tout fait »[1]. Nous pressentons déjà quelle sera la critique deleuzienne : le calque (la représentation) prétend reproduire le réel, mais ne reproduit en fin de compte que lui-même[2], ce qui signifie, en d'autres termes, que les formes qu'il nous impose comme nécessité (et donc que nous imposent les représentations traditionnelles de la philosophie et de l'art : le moi, l'enfant, le voleur, le chien…) ne constituent pas un véritable donné, mais bien une production qui se fait frauduleusement passer pour le reflet d'un tel donné. C'est là que réside la source du despotisme des systèmes institués : présenter comme nécessaire ce qui n'est que contingent. On retrouve ici l'idée de la forme comme ligne morte : donner une forme, tracer une épure, définir, c'est perdre la chose et son dynamisme. Une telle réification n'est plus dès lors fidèle qu'à elle-même. Et le danger résiderait dans la fraude qui consiste à présenter ces formes comme la chair du monde…

3) Le troisième sens de la représentation dénote cette fois son aspect *théâtral* : une représentation c'est un spectacle, au double sens d'illusion et de sensationnel. La représentation, spectacle du pouvoir, spectacle du calque qui prétend manifester le monde. Satan et ses pompes…

Aussi, le rhizome est-il le contraire du calque, le contraire de la représentation. Le rhizome est une carte, en ce que celle-ci se présente comme ce qui est à faire, *à produire* et non *à déduire* : « si la carte s'oppose au calque, c'est qu'elle est toute entière tournée vers une expérimentation en prise sur le réel.

---

1. *M.P.*, p. 20.
2. *M.P.*, p. 21.

La carte ne reproduit pas un inconscient fermé sur lui-même, elle le *construit* »[1]. La carte se définit donc par son caractère *expressément produit*. Or, construite par l'homme et pensée comme telle, elle est *de facto* « libre » ou « ouverte », puisque la volonté a prise sur elle. « La carte est ouverte, elle est connectable dans toutes ses dimensions, démontable, renversable, susceptible de recevoir constamment des modifications. Elle peut être déchirée, renversée, s'adapter à des montages de toute nature, être mise en chantier par un individu, un groupe, une formation sociale »[2]. N'est-ce pas là l'expression même de la ductilité, de la docilité de la ligne à la main qui la trace ? Alors que le calque (la représentation) se prétendait le reflet de formes données, fondant du même coup dans l'irréfragable ses découpages et ses institutions, le rhizome révèle au contraire l'indéterminé du transcendantal : *rien n'est donné, tout est produit*. Construisez vos multiplicités (vos idées, vos événements), bâtissez vos heccéités, soyez créatifs, linéarisez les formes, asservissez-les, tracez des lignes, libérez votre main. Tout est possible puisque le transcendantal est une matière intensive et aformelle…

À l'issue de cet exposé sur la structure (*sensu lato*)[3] sérielle ou rhizomatique et les principes qui la régissent, notre connaissance du statut de la forme dans le champ transcendantal a incontestablement progressé : nous le voyons en effet se définir par les caractères suivants :

---

1. *M.P.*, p. *20*.
2. *Ibid.*
3. Deleuze confirme lui-même ce double sens, antagoniste, du mot structure : pour le sens large, cf. *D.R.*, p. 237 ; pour le sens restreint, cf. *M.P.*, p. *19*.

– la forme (multiplicité) est transcendantalement *seconde*, puisque c'est de singularités intensives préformelles que le transcendantal est constitué en dernière instance.

– elle est *intrinsèque* ou *plate*, ce qui signifie qu'elle n'est pas donnée mais produite par l'agencement des singularités. Il en résulte une présence à soi de la multiplicité : elle ne peut être totalisée, représentée, mais seulement pensée…

– elle est également *mouvante* et *modifiable*, d'une part en ce que les singularités elles-mêmes sont mouvantes, d'autre part en ce que la structure rhizomatique se définit par sa ductilité (et il va de soi que ces deux dimensions sont coïmpliquées : c'est parce que le transcendantal est défini comme matière intensive aformelle que la multiplicité est une forme toujours modifiable, et inversement, c'est parce qu'elle est telle que le premier doit être défini de la sorte…).

– enfin, sa structure est *linéaire*. Remarquons que cette dernière caractéristique recoupe les trois précédentes :

1) Posée comme structure de la multiplicité, la ligne est affirmée comme telle dans sa spécificité et non en tant que délimitant une forme. C'est en effet la ligne qui est voulue et pensée, non pas la forme qui en résulte (et qui apparaît dès lors comme seconde et précaire).

2) La ligne est par essence plate : elle n'implique par elle-même aucune profondeur.

3) La ligne est mouvante, apte à toutes les torsions et à toutes les sinuosités, contrairement à la forme dont la structure limite les possibilités de manipulation. L'esthétique deleuzienne, tant plastique que musicale, sera donc fondée sur *l'assomption de la ligne au détriment de la forme*.

Notre élucidation du statut de la forme ne serait toutefois pas complète si on ne la confrontait à la notion de *pli* telle que

Deleuze nous la présente dans *Foucault*[1] et *Le Pli, Leibniz et le Baroque*[2]. Nous nous proposons dès lors d'examiner si et comment ce nouveau concept cristallise ou accomplit les traits que nous avons définis comme caractéristiques de l'idée de multiplicité.

Le premier pas de la démarche sera d'indiquer dans quelle mesure le concept de pli peut être considéré comme mettant en œuvre l'idée de *secondarité*. Et aussitôt, en première approche, une liaison « de surface » semble se tisser entre les deux termes : tout pli n'est-il pas, par essence même, plissement *de quelque chose qui le précède*, fût-ce virtuellement, comme un substrat en quelque manière premier, et sur lequel il s'inscrit ? Ainsi, le drapé d'un vêtement ne suppose-t-il pas une étoffe qui est pliée, comme la dune, pli de Sahara, suppose le sable et le vent ? Tout plissement n'est-il pas ainsi intrinsèquement un phénomène second, dérivé, par rapport à la texture qu'il affecte ? Mais cette correspondance externe ne peut certes suffire, et vient alors un second argument que nous pouvons puiser dans les références micro-biologiques et embryologiques que sollicite Deleuze. Avant d'appartenir à la philosophie, il apparaît en effet que le pli, à tout le moins son concept si pas le terme même, appartienne à la biologie, voire même plus spécifiquement à l'ontogénèse ou à la morphogénèse : ainsi la gastrulation, comme phase fondamentale du développement de l'œuf, peut-elle opérer par invagination ou embolie, c'est-à-dire précisément un phénomène de pliure ou de plissement affectant une « texture » première (le blastula) et amorçant la morphogénèse. L'organisation de l'organisme (oursin, amphoxius…) naît ainsi d'un *pli* survenant à une matière, que celle-ci soit par ailleurs considérée comme plus

1. Paris, Minuit, 1986.
2. Paris, Minuit, 1988.

ou moins indifférenciée (épigénèse) ou au contraire déjà pliée à un degré « inférieur » (préformisme). Cependant, si le pli peut être considéré comme le phénomène originaire de la morphogénèse, c'est, pour Deleuze, d'une façon bien plus profonde et plus générale encore, puisqu'il définit la structure [1] de *la protéine globulaire*. Il apparaît en effet que la chaîne peptidique constituant celle-ci se présente selon une structure plissée appelée structure β. Le pli, en tant qu'agencement de la chaîne peptidique constitutive de la protéine, apparaît ainsi comme l'agencement fondamental du vivant, ou le « phéno-mène originaire » de la morphogénèse. Et c'est cette vérité qui constitue, selon Deleuze, le point de ralliement (par-delà leurs divergences) de l'épigénèse et du préformisme : « l'essentiel, c'est que les deux conceptions ont en commun de conce-voir l'organisme comme un pli, pliure ou pliage originaux (et jamais la biologie ne renoncera à cette détermination du vivant, comme en témoigne aujourd'hui le plissement fondamental de la protéine globulaire) » [2].

L'organisme, l'individu, naît donc d'un pli, c'est-à-dire somme toute d'un événement arrivant à une texture ontogéné-tiquement première, et qui sera toujours préformelle par rapport à lui, mais elle le sera tantôt absolument (épigé-nèse) [3], tantôt relativement (préformisme, supposant qu'un pli découle toujours d'un autre pli, « inférieur » ou « plus petit »). Quelle que soit la thèse soutenue, la *secondarité* du pli paraît assurée par rapport à un substrat qui, *à son égard*, apparaîtra comme préformel.

---

1. Ou plus précisément *une des* structures, puisqu'il y en a deux (structure héliocoïdale α et structure en feuillet plissé ou structure β). Sur cette question, voir *Encyclopedia Universalis*, v° « Protéines ».

2. *Le Pli*, p. 15.

3. Ou à tout le moins *relativement* indifférencié.

Certes, répondrez-vous, mais il ne s'agit là que d'une secondarité physique, ontogénétique et chronologique, voire même relative dans l'optique du préformisme. Qu'en est-il donc du pli en tant que concept philosophique cette fois ? Peut-on transposer au plan métaphysique la secondarité établie au plan physique ? Dans quelle mesure, quelles conditions, et sous quelles réserves ? Autant de questions qui supposent de retracer schématiquement les axes de la thématisation deleuzienne de ce concept. C'est dans le livre consacré à Foucault, et plus précisément dans le chapitre intitulé « Les plissements ou le dedans de la pensée (subjectivation) »[1], qu'il nous faut en rechercher l'origine. Le thème de ce passage, c'est la façon dont Foucault surmonte, dans « l'usage des plaisirs », l'impasse devant laquelle nous avaient placé le Pouvoir et le Savoir : comment franchir la ligne, sortir des surcodages du Savoir et des rapports de force du Pouvoir, se défaire de ces puissances qui toujours nous rattrapent ? Le problème est donc : trouver un nouvel axe, qui serait distinct tout à la fois de celui du Pouvoir et de celui du Savoir, un axe de vie, de résistance ou de liberté. Dégager un tel axe, ce n'est autre que trouver un lieu, un site au-delà ou en-deçà de toute Forme comme de toute Instance donnée, hors de portée : c'est-à-dire un Dehors absolu, plus lointain que tout monde extérieur, et un Dedans abyssal, plus profond que tout monde intérieur[2]. *Penser une nouvelle subjectivation*, toute autre que l'intériorité du moi « classique » : Foucault la pensera par le thème du Double. Mais ce double, nous explique Deleuze, « n'est jamais une projection de l'intérieur, c'est au contraire l'intériorisation d'un dehors. Ce n'est pas un dédoublement de l'Un, c'est un redoublement de l'Autre (…). Ce n'est

1. *Foucault*, p. 101 *sq.*
2. *Foucault*, p. 103.

pas l'émanation d'un Je, c'est la mise en immanence d'un toujours autre ou d'un Non-moi (…). C'est exactement comme l'invagination d'un tissu en embryologie, ou l'opération d'une doublure en couture : tordre, replier, stopper… » [1].

Nous apercevons ici que la lecture deleuzienne de Foucault met implicitement en exergue deux façons de penser (et donc de vivre) la subjectivation : la première, qui est celle du Pouvoir, consiste à faire du Moi une *essence*, une instance dure et close, bien définie et irréfragable, que l'on pourra stratifier et surveiller (« tu es un Moi, une petite intériorité bien stratifiée, et il n'y a pas d'échappatoire puisqu'il y a de l'Essence »). Cette conception revient donc à considérer l'individu comme une Forme irréfragable et donnée *a priori* : il y a un Je, qui s'oppose au Dehors de toute éternité. Mais il y a aussi une seconde façon de penser la subjectivation, qui parcourt cette fois l'œuvre de Foucault telle que la lit Deleuze, et qui consiste à voir dans l'« irréfragabilité » essentielle du Moi le lieu originel de l'escroquerie du Pouvoir : le Moi, la vieille intériorité classique, n'est pas un donné irrémédiable mais un découpage du monde, pas une nécessité mais une production du Pouvoir, qui invoque l'Essence pour se perpétuer. Il faut donc secouer ces carcasses, « atteindre à la vie comme puissance du dehors » [2], c'est-à-dire penser un dehors plus lointain que tout monde extérieur, un dehors absolu et préformel, comme « une matière mouvante animée de mouvements péristaltiques, de plis et plissements qui constituent un dedans : non pas autre chose que le dehors, mais exactement le dedans du dehors » [3]. Ainsi, le dedans, l'intériorité, l'individu, n'est pas un donné, une essence, mais une production plus ou

1. *Foucault*, p. 105.
2. *Foucault*, p. 102.
3. *Foucault*, p. 104.

moins transitoire, l'accident survenu à un substrat préformel. *Toute subjectivation est donc le pli d'un présubjectif*, ce qui revient à dire que toute forme est le pli d'un préformel (ou d'un « aformel »). D'où il résulte qu'il n'y a pas de Moi, mais seulement une zone de subjectivation à créer comme un pliage : plier le dehors qu'on sait libre, pour « constituer un dedans qui se creuse et se développe suivant une dimension propre »[1]. Telle est la seconde façon de penser la subjectivation : un affect de soi par soi, à produire.

Rien n'est irrémédiable, puisque rien n'est donné, tout dedans n'étant jamais que l'opération d'un Dehors qui le précède en droit. Il n'y a plus de Profondeur, il n'y a plus que la ligne du Dehors qui se tord et s'invagine un instant : fausse profondeur de l'événement. Et il n'y a plus d'Essence, mais seulement des accidents, des plis « facultatifs » affectant un substrat premier parfaitement lisse, aformel. *Voilà donc la raison et l'épure du concept de pli* : manifester, avec plus de force et d'impact peut-être que la notion de multiplicité, la secondarité metaphysique des instances mondaines. Le monde est peuplé de formes, mais il faut supposer un Dehors lisse dont elles ne seraient que des plissements, une surface transcendantale absolue dont elles ne seraient que les accidents, afin de tenir en échec « sur le fond », l'impérialisme de l'être et de l'essence. On peut alors comprendre le penchant deleuzien pour le préformisme (en biologie), qui suppose pourtant la forme au plus profond de l'être, ou pour Leibniz, pour qui le monde n'existe pas hors des monades (c'est-à-dire des individus) qui l'expriment : *il importe peu que la forme soit le destin du monde*, il importe peu, comme disent les stoïciens, que les choses et états de choses épuisent l'être, *pour autant que l'on suppose et que l'on maintienne la pensée d'un trans-*

1. *Foucault*, p. 107.

cendantal aformel, c'est-à-dire la subsistance d'une surface ou d'un Dehors préindividuel, lisse, fondant la secondarité métaphysique de ces mêmes formes. Et on assure du même coup, par la supposition de cet aformel (sub-position ou super-position, selon que l'on y voit un sombre Fond ou une pure Surface) la ductilité, le devenir et la liberté du monde, à rebours de tout essentialisme.

Cette conception de la forme comme pli d'un Dehors préformel donnera lieu à un triple prolongement conceptuel exposé dans *Le Pli*. Le premier de ces prolongements concerne la définition du sujet ou, plus précisément, de tout phénomène de subjectivation, abstraction faite des thèses foucaldiennes cette fois. Si tout individué, toute forme, doit être considérée comme le pliage d'un substrat aformel, soit encore la concrescence de singularités préindividuelles, il en résulte que le sujet ne peut plus être considéré comme un *sub-jet*, présupposé, préexistant, instance donnée *a priori*, mais au contraire, selon une expression de Whitehead que reprend Deleuze, comme un *super-jet*, une instance seconde, produit d'un processus de subjectivation fonctionnant sur un substrat préindividuel. Le sujet, *pli métaphysique d'une surface transcendantale*, quand il ne serait pas aussi pli physique d'une matière relativement aformelle (épigénèse). Aussi Deleuze définira-t-il l'individu comme «concentration, accumulation, coïncidence d'un certain nombre de singularités préindividuelles convergentes»[1], soit encore comme une «enveloppe» («Le sujet n'est pas un sujet, c'est une enveloppe»[2]). Le statut de l'individu (du super-jet) apparaît ainsi comme le prolongement ou l'application particulière du statut reconnu à la forme comme

---

1. *Le Pli*, p. 85.
2. «Signes et événements», *op. cit.*, p. 25.

telle : agencement second, événement affectant un substrat, accident d'une texture ou plissement d'un Dehors présupposé.

Si le sujet n'est pas donné, c'est qu'il est *à produire* : la subjectivation est un constructionnisme, un affect de soi par soi, une herméneutique au sens foucaldien, inlassablement à poursuivre. «Ce qu'il faut donc poser, c'est que la subjectivation, le rapport à soi, ne cesse pas de se faire »[1], de se gagner et de se perdre sur l'océan, le Sombre Fond ou la pure surface du préindividuel... Mais en va-t-il aussi de même pour la grande Forme-Homme? Pour elle au moins, ne va-t-on pas jeter l'ancre dans l'Essence, lui conférer un tant soit peu d'irréfragable, un tant soit peu d'éternité? Au risque d'ébranler le fondement des Déclarations de Droits, mais à défaut de quoi l'argument perdrait toute cohérence, il ne pourra être fait exception à la règle : l'Homme, comme toute forme, est «un composé de rapports de forces »[2], un certain état du substrat, un agencement plus ou moins labile de singularités, émergeant dans un monde qui ne l'a pas attendu et lui survivra peut-être[3]. L'Homme est un pli de poussière, et résonne à nos oreilles comme l'écho d'une étrange assomption : qui a dit «Pulvis es et in pulverem reverteris »?

Si l'Homme n'est pas une Essence, mais bien plutôt le résultat d'une certaine conjonction de forces et de circonstances, alors on peut imaginer, et on doit déduire, *que d'autres individuations sont possibles* qui transgresseraient les découpages actuels, d'autres agencements qui produiraient d'autres formes, des individus qui ne seraient ni des Hommes ni des Sujets : «Nous croyons à un monde où les individuations sont

1. *Foucault*, p. 111.
2. *Foucault*, p. 131.
3. *Foucault*, p. 131.

impersonnelles (…) : la splendeur du ON »[1]. Soit une autre cristallisation du Dehors, un autre découpage du monde, qui reconnaîtrait un nom propre (toujours éphémère) à des concrescences transversales, des agencements inédits, ou des rhizomes opérant par capture et saisissant en une seule gerbe des hommes, des animaux, de la terre et du temps : « Un courant d'air, un vent, une journée, une heure de la journée (…) ont une individualité non personnelle (…). Il suffit que quelque chose passe, un courant qui seul porte le nom propre »[2]. Un monde de petites formes fluides, comme des vagues qui portent des noms d'instants, des noms noués par le vent sur la ligne de l'écume : des plis d'océan.

Il va de soi que le changement de statut qui frappe le sujet trouvera, en tant qu'il affecte le processus d'individuation dans son ensemble, son exacte corrélation du côté de *l'objet*. De même qu'au sujet considéré comme sub-jet (c'est-à-dire comme instance donnée *a priori*) succédait le super-jet (comme instance seconde à construire), à l'objet comme forme essentielle succèdera *l'objectile* comme « fonctionnalité pure, comme déclinant une famille de courbes encadrées par des paramètres, inséparable d'une série de déclinaisons possibles ou d'une surface à courbure variable qu'il décrit lui-même »[3]. Cette définition suppose une élucidation en deux étapes : En un premier temps, l'objet apparaît comme une *fonction*, au sens que conférait à ce terme le mathématicien Euler, à savoir « une expression analytique composée d'une manière quelconque de cette quantité (x) et de nombres ou de quantités constants ». Par l'application d'une série de variables à cet objet-fonction (objectile), on obtiendra une famille de courbes

1. *D.R.*, p. 4.
2. « Signes et événements », *op. cit.*, p. 20.
3. *Le Pli*, p. 26.

qui ne sont autres que les différents profils de cet objet. Cette conception peut se revendiquer du terme de « manière » dans la mesure où l'objet y apparaît comme une sorte de principe, de « formule » ou de « style » abstraits, se déployant dans un système considéré par le biais d'une déclinaison de valeurs particulières. Toutefois, et c'est la seconde étape, cette définition se voit aussitôt affinée par l'adjonction de l'idée de *variation continue, affectant la fonction elle-même*. On glisse ainsi insensiblement de l'idée de manière (qui suppose, quoique l'on en ait, une certaine constance, fût-elle principielle ou stylistique) à l'idée de *modulation*, qui suppose non seulement la variation concrète ou externe par le jeu des variables, mais également la *variation interne à la fonction elle-même* : l'objectile est pris dans un devenir, emporté par une variation continue qui ne laisse rien en repos, étant fluctuation de la norme elle-même. Et Deleuze de citer Simondon : « mouler est moduler de manière définitive, moduler est mouler de manière continue et perpétuellement variable »[1]. Une telle conception de l'objet en termes de modulation confère à celui-ci une malléabilité extrême : délesté de toute essence, et plus profondément de toute loi de constance (ce qui comprend selon nous la manière), il est apte à réagir aux aléas de la volonté, ou de la « demande » pour parler en termes de marché. C'est l'objet technologique, ou objet-événement : agencement de points singuliers, concrescences de courbes, dont la forme est toujours labile, seconde, fluctuante au gré des impulsions fournies par la machine à commande numérique, c'est-à-dire au gré des exigences du consommateur et de la créativité du producteur.

Enfin, si sujet et objet (toute forme) sont pensés en termes de concrescence, d'enveloppe ou de pli, notons qu'il en ira de

---

1. Simondon, *op. cit.*, p. 41-42 ; cité dans *Le Pli*, p. 26.

même du *concept* comme tel puisque ce dernier, en tant qu'il est à son tour une forme, se verra défini par Deleuze comme « un composé, un consolidé de lignes, de courbes », dont la philosophie est la machine de production. Le travail du philosophe est donc un constructionnisme : il s'agit de construire des concepts, c'est-à-dire de plier et de déplier la pensée, comme l'artisan ou l'industriel créent des objets en pliant la matière, et comme l'homme, certains hommes libres, ou plutôt les flux en l'homme et hors de lui, créent des subjectivations par pliage du monde et du corps social (des individualités collectives, des minorités, des rhizomes de toutes sortes… [1]).

Si le pli rejoint la multiplicité par la mise en œuvre de l'idée de secondarité telle que nous l'avons exposée, reste à voir ce qu'il en est de l'idée *d'intrinsécité* et de *contingence*. Il semble que la réponse à cette question puisse être localisée dans la mise en exergue de la *spontanéité* comme trait essentiel de la monade leibnizienne telle que nous la présente *Le Pli*. Au plus court et pour nous situer, nous dirons que l'analyse deleuzienne se construit à partir de deux énoncés classiques du leibnizianisme, à savoir la monade comme miroir ou point de vue sur le monde, mais aussi comme unité sans porte ni fenêtre qui tire tout de son propre fond. Ces deux énoncés, apparemment contradictoires, illustrent la très baroque « opposition » de l'intérieur et de l'extérieur : le premier suppose en effet une extériorité première puisque la monade y est présentée comme un *point de vue sur le monde*, dont elle serait un « réceptacle », un miroir ou un « reflet ». Le second suppose au contraire le primat de l'intériorité par la condition de clôture qu'il impose (la monade est close, sans ouverture sur l'extérieur, *tire tout*

---

1. Comme le rhizome qui a un jour capturé, le temps de deux livres (les deux tomes de *Capitalisme et schizophrénie*), Deleuze et Guattari pour en faire un « nouvel individu » transitoire.

de son propre fond, et épuise l'être puisque le monde n'existe pas hors des monades qui l'expriment). La conciliation de ces deux énoncés peut être schématiquement résumée comme suit : nul n'ignore que pour Leibniz le monde se présente comme une série infinie mais « limitée » par une condition de convergence (deux séries divergentes sont incompossibles, c'est-à-dire ne peuvent constituer un même monde). C'est cette série infinie et convergente, le monde, c'est-à-dire l'extérieur ou le Dehors, que chaque monade reflète de son point de vue particulier. Toutefois, la monade est simultanément définie comme l'unité *enveloppante* de cette série, en ce qu'elle *inclut* ce qu'elle saisit de ce même point de vue : chaque monade, chaque âme ou chaque sujet, contient le monde, c'est-à-dire la série infinie de ses états ou de ses plis, et ceux-ci n'existent pas hors d'elle. Cependant, si chacune inclut le même monde ou reflète la même série, elles n'en diffèrent pas moins comme autant *d'expressions* ou de *manières* de ce même monde : « chaque monade comme unité individuelle inclut toute la série, elle exprime ainsi le monde entier, mais ne l'exprime pas *sans exprimer plus clairement une petite région du monde, un « département », un quartier de la ville, une séquence finie*. Deux âmes n'ont pas le même ordre, mais n'ont pas non plus la même séquence, la même région claire ou éclairée » [1]. Apparaissent ainsi deux pôles de la pensée leibnizienne telle que nous la présente Deleuze : la série infinie des singularités constitutives du monde comme *inclue* dans chaque monade et n'existant qu'en elles, et la spécificité de la monade comme résultant de l'expression, c'est-à-dire de la *sélection-agencement*, d'un certain nombre ou d'une certaine zone de singularités parmi l'ensemble « grouillant » en elle.

---

1. *Le Pli*, p. 35.

De ce bref parcours nous pouvons, quant à la question de la forme, tirer deux conclusions. La première a trait à la conciliation des énoncés que nous annoncions plus haut : nous sommes en effet passés de *l'extériorité* du monde comme série infinie et convergente dont la monade est un reflet (Dieu a d'ailleurs créé, non pas Adam pécheur, mais *le monde où* Adam a péché, rappelle Leibniz dans la correspondance avec Arnauld[1]) *à l'intériorité* de la monade comme unité close (donc spontanée) et épuisant l'être (puisque le monde n'existe pas hors des monades qui l'expriment). Nous connaissons toutefois la clé d'un tel passage, qui nous conduit de la primauté du Dehors à la spontanéité du dedans et inversement, pour l'avoir vue à l'œuvre dans le livre consacré à Foucault : le dedans (l'individuation, la forme…) ne s'oppose pas au Dehors comme à une altérité en ce qu'il est exactement *le dedans du Dehors*, c'est-à-dire son invagination ou son pli, sa propre opération ou son propre agencement particulier. Et il en va ainsi de la monade : elle apparaît comme un agencement de ce Dehors présupposé qu'est la série du monde, et il en résulte qu'elle peut être définie comme son « reflet » (elle en est un pli, un drapé, qui reflète et s'élabore sur le tout); mais elle est également spontanée (ou intrinsèque), car ce Dehors doit être lu comme un champ transcendantal qui subsiste à la surface du monde mais n'existe qu'en ses concrétions particulières, d'où il résulte que la monade épuise l'être ou l'existence et tire tout de son propre fond (qui est aussi pure surface). Et en ce Dehors présupposé, en cette surface ou en ce fond grouillant, s'enracine tout à la fois la liberté de chaque individu (comme agencement libre de singularités préformelles) et sa secondarité métaphysique constitutive de son évanescence possible.

---

1. *Le Pli*, p. 35.

Quant à la question spécifique de l'intrinsécité, et ceci constitue la seconde conclusion, elle apparaît indéniablement assurée par l'idée même de spontanéité : la monade *contient* le monde (la série infinie et convergente de ses singularités), qui n'existe pas hors d'elle. Rien ne lui vient donc en ce sens de l'extérieur : elle n'a ni porte ni fenêtre, et tire tout de ce fond obscur que constitue l'infinité du monde en elle. Au même titre que la multiplicité envisagée plus haut, la monade telle que nous la révèle Deleuze peut donc être qualifiée *d'intrinsèque*, en ce que sa spécificité (ou sa forme) provient d'elle seule, par disposition spontanée de ses singularités, et non d'une extériorité informante. Dans la même optique, nous pouvons également la qualifier de *plate* (au sens défini précédemment), en ce qu'il n'existe aucun lieu, aucun foyer, aucun surplomb, qui soit susceptible d'en soutenir la totalisation ou le surcodage extrinsèques. Ce caractère plat ou cette présence à soi de la monade, nous en trouvons la manifestation dans l'affirmation selon laquelle *les prédicats sont dans le sujet*[1]. L'inhérence des prédicats peut en effet pour Deleuze se lire comme suit : selon le modèle classique de l'attribution, le sujet se définit comme une essence façonnée par des qualités (je suis une chose qui pense, la pensée étant un attribut constant de l'essence Homme). À l'opposé de ce modèle, la prédication leibnizienne postule au contraire que le sujet est une enveloppe de prédicats, ceux-ci étant conçus non comme des qualités informant une essence, mais comme des agencements, des grappes ou des plis de singularités, inhérents et immanents au sujet. En d'autres termes, alors que l'attribut apparaît comme une qualité, une forme, qui imprime (extrinsèquement) une essence, le prédicat apparaît au contraire comme un événement ou une disposition (dynamique) de singularités qui *se*

---

1. *Le Pli*, p. 70 *sq.*

noue à l'intérieur d'un sujet. Ainsi, « le prédicat, c'est "l'exé-cution du voyage", un acte, un mouvement, et non l'état de voyageant »[1]. Le sujet se révèle ainsi comme la concrescence de prédicats qui lui sont inhérents comme autant de courbes, autant de figures ou de profils éphémères nouant et dénouant en lui les singularités qui le constituent. Et ce processus, par lequel les singularités s'échangent et se distribuent en autant d'événements ou de prédicats plus ou moins transitoires (et toujours intrinsèques), que Leibniz nomme fluxion, se révèlera en fin de compte n'être rien d'autre que le devenir deleuzien[2]. Pour conclure sur ce point, ne peut-on soutenir que l'intuition qui fonde la fraternité que Deleuze entretient avec Foucault comme avec Leibniz n'est autre, fondamentalement, que l'intuition de tout phénomène d'individuation comme *intérieur sans extérieur* (primauté actuelle de la forme : l'être s'épuise dans les plis), mais également comme *extérieur sans intérieur* (secondarité métaphysique de la forme : tout pli est la concrescence contingente d'une surface transcendantale aformelle) ?

Pour en finir avec le statut théorique de la forme, il convient encore de dire quelques mots du *temps* dans lequel elle se déploie, à savoir *l'aion*. Cette précision pourrait paraître déborder le champ de notre argumentation si ce dernier ne présentait précisément et avec force, cet aspect linéaire et aformel dont nous avons déjà éprouvé l'importance. *L'aion*, temps du transcendantal, se distingue de *chronos* qui est le temps de l'effectivité. Alors que ce dernier peut être défini comme le pur *présent* qui *mesure* l'incarnation des événe-ments dans la profondeur des corps agissants, et dépend de ce

---

1. *Le Pli*, p. 76.
2. À ce sujet, *cf.* le chapitre consacré plus loin au statut pratique du concept de forme.

fait de la matière qui le limite et le remplit[1], *l'aion* apparaît au contraire comme le temps toujours déjà subdivisé en un passé proche et un futur imminent, temps *sans mesure*, « pure ligne droite à la surface, incorporel, illimité, forme vide du temps, indépendant de toute matière »[2]. D'une part donc, le présent de *chronos* comme temps de l'effectuation des événements dans la chair du monde, et d'autre part, le temps transcendantal des événements pris en eux-mêmes, qui déroule dans les deux sens le jeu incorporel des singularités. Il ne nous incombe pas d'explorer plus avant cette double temporalité, mais bien de dégager ce qui, en elle, peut contribuer à éclairer le statut deleuzien de la forme. Or que constatons-nous à cet égard? Que *l'aion*, à l'image du rhizome, se présente comme *linéaire*, *illimité* et *incommensurable*. Si nous nous interrogeons tout d'abord sur la caractère illimité de *l'aion*, nous constaterons certes que celui-ci est qualifié de « pure forme vide du temps », mais il va de soi que le terme de forme reçoit ici un sens tout à fait différent de celui que nous lui donnons dans le cours de cet exposé. Si *l'aion* est une forme, c'est au sens kantien de forme *a priori* de la sensibilité, c'est-à-dire de cadre ultime de celle-ci. Toute forme « réelle » suppose en effet une limite qui la départage de ce qui n'est pas elle, et dès lors une dimension d'extériorité en laquelle elle s'inscrit. Or, *l'aion* a pour limite la limite même du temps, à savoir l'illimité : coextensif à celui-ci, il ne peut avoir aucune forme puisqu'il n'y a de ce fait aucune extériorité sur laquelle il se découperait.

Illimité, *l'aion* est également *incommensurable*. Il l'est tout d'abord et dans un premier temps en tant que démesure, devenir-fou où « le passé et le futur prennent leur revanche en un seul et même abîme qui menace le présent et tout ce qui

1. *L.S.*, p. 87.
2. *Ibid.*

existe »[1], révolte dissolvante contre *chronos* et ses sages successions de présents emboîtés. Toutefois, cette démesure (comme terreur et comme dissolution) n'est pas la réalité ultime de *l'aion*, mais bien plutôt le premier temps de son apparition. Car si *l'aion* est incommensurable, ce n'est pas tant comme démesure, mais bien plus profondément comme ligne impassible peuplée d'effets qui la hantent sans jamais la remplir, pure forme vide incorporelle où le temps a déroulé son cercle et s'allonge en une droite « peut-être d'autant plus dangereuse, plus labyrinthique et plus tortueuse pour cette raison »[2]. En d'autres termes, si *l'aion* est incommensurable, ce n'est pas ultimement sur le mode simplement antithétique de la démesure, mais bien plus terriblement sur celui de l'*a-mesure* : car l'inouï, le tout-autre, n'est-il pas infiniment plus terrible que le monstrueux ? Yavhé n'est-il jamais plus lui-même, jamais plus divin, que lorsqu'il est sans visage, sans nom et sans mesure, abscondité muette, purement Autre ? Aussi pour être l'autre de *chronos*, *l'aion* se doit-il d'être plus que son simple contraire : plus que démesuré, a-mesuré. Et le temps non pulsé dont Deleuze fera l'éloge dans *Mille Plateaux*, ne signifie pas autre chose que cette a-mesure de *l'aion* : « Boulez distingue dans la musique le tempo et le non tempo, le *temps pulsé* d'une musique formelle et fonctionnelle fondée sur les valeurs, le *temps non pulsé* pour une musique flottante, flottante et machinique, qui n'a plus que des vitesses ou des différences de dynamique »[3]. Cette découverte de *l'aion* comme temps flottant indéfini revêt une double importance pour notre propos : d'une part en effet, elle met en

---

1. *L.S.*, p. 225.
2. *L.S.*, p. 227.
3. *M.P.*, p. 320. Nous reviendrons sur cette question dans le chapitre consacré à l'esthétique musicale de Gilles Deleuze.

lumière un aspect du transcendantal que nous n'avions pas encore souligné, à savoir que l'aformel (ou le préformel) implique également une « incommensurabilité » à comprendre comme une « amesure ». Cet élément supplémentaire à verser au dossier de l'attitude deleuzienne à l'égard de la forme *sensu lato* ne nous étonnera guère : à l'absence de contour externe et d'organisation interne, il convenait d'ajouter, en toute logique, l'absence de toute segmentarisation résultant d'une mesure en l'occurrence temporelle. Le modèle linéaire atteint ainsi son achèvement : la ligne ne trace aucune forme, ne sert aucun système et ne se mesure pas... D'autre part, ce détour par *l'aion* comme temps non pulsé nous permettra d'éclairer ultérieurement ce que nous aurons dégagé comme constituant l'esthétique musicale deleuzienne.

Ce parcours succinct du champ transcendantal deleuzien nous a permis de dégager les nervures essentielles du statut théorique de la forme. De cette caractérisation, nous pouvons d'ores et déjà conclure à la méfiance, voire à la défaveur en laquelle Deleuze tient ce concept. Cette défaveur nous est apparue à un double niveau :

– Elle s'est tout d'abord révélée dans le statut métaphysique second qui lui est réservé : la sphère de l'effectivité, comme monde de formes, s'enracine en effet dans un transcendantal défini comme un Dehors ou une surface intensifs et aformels, se déployant dans une temporalité (*l'aion*) elle-même aformelle.

– Elle se révèle ensuite dans la nature même qui est attribuée à la forme lorsque celle-ci est introduite sous les traits de la multiplicité. Certes, en tant qu'agencement spécifique de singularités ou « thème complexe » à effectuer [1], la multiplicité (idée, événement ou heccéité) semble répondre à la définition

<hr />

1. *D.R.*, p. 237.

de la forme à laquelle nous nous référons. Toutefois, nul ne niera que le modèle rhizomorphique ou sériel (toute multiplicité est un rhizome, c'est-à-dire une ligne plate, mouvante, indéfiniment modifiable), est à l'extrême limite de ce concept...

Nous verrons plus loin quelle peut être l'intelligibilité de ce statut ambigu octroyé à la forme, tout à la fois seconde et inévitable, déchue et pourtant toujours rémanente comme cela même qui est sans cesse à déchoir.

Statut pratique ou effectif

C'est à ce qu'il qualifie « d'empirisme supérieur »[1] que nous convie Deleuze, comme à ce qui nous fera précisément découvrir ce que nous venons d'exposer : à savoir le grouillement des singularités intensives comme réalité ultime par-delà toute forme présentée illusoirement comme donnée *a priori*. Toutefois, il ne faut pas s'y tromper, ce discours a moins pour fin d'éclairer le philosophe que de poser le fondement théorique d'une libération pour tous. La schizoanalyse, nous est-il dit et répété[2], est avant tout une *pratique* et une *micropolitique* : « Analyse du désir, la schizoanalyse est immédiatement politique, qu'il s'agisse d'un individu, d'un groupe ou d'une société. Car avant l'être, il y a la politique. La pratique ne vient pas après la mise en place des termes et de leurs rapports, mais participe activement au tracé des lignes, affronte les mêmes dangers et les mêmes variations qu'elles »[3]. Le projet deleuzien se veut donc un faisceau de gestes plutôt qu'une juxtaposition de concepts. Aussi, si

1. Cette qualification est utilisée dans *D.R.*
2. *M.P.*, p. 33, 140, 182, 186, 249.
3. *M.P.*, p. 249.

théorie il y a, est-ce toujours dans le mouvement même d'instauration d'une pratique concrète. Il en résultera dès lors que ce que nous avons dégagé au niveau transcandental, à savoir la prééminence de la fluidité grouillante sur la cristallisation des formes, *resurgira inévitablement à l'horizon de la pratique deleuzienne* sous les traits multiples du devenir-imperceptible. Trois exemples illustreront cette correspondance.

1) Le premier sera puisé dans deux textes de *Mille Plateaux*, « Année zéro. Visagéité » [1] et « Comment se faire un corps sans organes ? » [2]. Il s'agira d'examiner comment ces textes *mettent en œuvre* la caractérisation de la forme telle que nous l'avons précédemment élucidée. Le premier d'entre eux débute par un examen de ce qu'est en fin de compte un visage : un système structuré autour de la surface blanche des joues (murs blancs où le signifiant trace ses lignes) et des trous noirs des yeux, (où la subjectivité loge sa conscience). Ce système est le produit d'une « machine abstraite de visagéité » fonctionnant comme appareil de normalisation, définissant et répertoriant des visages-types (visage d'homme ou de femme, d'enfant ou d'adulte, de riche ou de pauvre…). Chaque catégorie, chaque individu se voit donc attribuer un visage caractéristique permettant de le reconnaître et de lui assigner une place définie dans la machine sociale. En tant que fiche signalétique révélant aux autres mon appartenance à un groupe déterminé et me constituant simultanément comme sujet caractérisé par cette appartenance, le visage peut donc se définir par son double effet de signifiance et de subjectivation. Rien d'étonnant, dès lors, à ce que l'archétype du visage soit celui du Christ : n'est-ce-pas là le plus subjectivé et le plus

1. *M.P.*, p. 205.
2. *M.P.*, p. 185.

signifiant qui soit ? Et si le visage a cette fonction taxinomique et identificatoire, c'est parce qu'il dessine sur ma tête les mimiques instituées et assigne à mes traits la forme de mon personnage : visage d'homme, visage de maître, visage de jeune fille en fleur... Tout un travail de composition, de mise en forme, de dressage de la chair, ride après ride, muscle après muscle, pour faire d'une tête d'enfant un masque de citoyen.

Ainsi défini comme instance disciplinaire normalisatrice et coagulante (dans une signifiance et une subjectivation), il va de soi que si pour Deleuze le visage a un avenir, ce n'est autre que celui de sa destruction. Il n'y a en effet « pas de signifiance sans agencement despotique, pas de subjectivation sans un agencement autoritaire, pas de mixité des deux sans des agencements de pouvoirs qui agissent précisément par signifiants et s'exercent sur des âmes ou des sujets »[1], et il ne me reste dès lors qu'à me mettre en route vers l'asignifiant et l'asubjectif[2], c'est-à-dire, à défaire les formes du visage et à moléculariser son contenu signifiant. En d'autres termes, faire la ligne, ligne de fuite et non de contour, ligne nomade qui ne trace aucune forme et ne délimite aucun sujet mais au contraire les traverse et les subvertit. Tout ceci n'est rien d'autre, en fin de compte, que l'écho pratique du linéaire transcendental. Mais que signifie concrètement défaire la forme pour faire la ligne ? Comment s'y prendre ? Il en est qui penseront aux expériences limites de la drogue ou de l'alcool, mais Deleuze ne retiendra pas ces « misérables miracles » qui ne proposent qu'une ligne d'abolition au titre de ligne de fuite. La voie la plus sûre sera celle de *l'art* : ligne d'écriture, de musicalité, de picturalité. Non pas le roman français, la musique dite classique et la

1. *M.P.*, p. 221.
2. *M.P.*, p. 210.

peinture occidentale traditionnelle [1], c'est-à-dire un art « théorétique » ou « iconodoule » qui tisse formes et sujets en unsensationnel *spectacle*, mais bien le roman anglo-américain, la musique contemporaine « flottante » et la peinture non figurative [2], à savoir un art pragmatique et iconoclaste, qui déforme les formes et les sujets pour les emporter (*nous* emporter) au fil des lignes qu'il trace. Bref, un art de la *présence*, et non de la représentation, de la *sensation*, et non du sensationnel. En effet, si l'art est le moyen par lequel on sortira du visage (et plus généralement, de toute forme donnée), il n'est jamais précisément qu'un moyen : son but n'est pas en lui, mais dans les forces qui par lui nous subjuguent. S'il s'agit d'en sortir, ce n'est pas « en art, c'est-à-dire, en esprit, mais en vie, en vie réelle (…), l'art n'est qu'un instrument pour tracer les lignes de vie, c'est-à-dire tous ces devenirs réels, qui ne se produisent pas simplement *dans* l'art, toutes ces fuites actives, qui ne consistent pas à fuir *dans* l'art (…) ces déterritorialisations positives, qui ne vont pas se reterritorialiser sur l'art, mais l'emporter avec elles, vers les régions de l'asubjectif et du sans-visage » [3]. Toutefois, le texte ne s'achève pas sur la pure joie libératrice du visage brisé : vient ensuite une sorte de mise en garde ou d'invitation à la prudence, dont nous aurons à élucider le statut. Deleuze soutient en effet ce qui peut apparaître *prima facie* comme une relation de complémentarité entre le visage et la ligne de fuite qui le traverse et le défait ; « c'est seulement à travers le mur du signifiant qu'on fera passer les lignes d'asignifiance (…). C'est seulement dans le

---

1. C'est-à-dire, comme nous le verrons plus loin, toute la peinture occidentale à l'exception de l'art « gothique » ou « barbare » et de la peinture qui a suivi le « tournant post-romantique ».

2. Sur tout ceci, cf. *infra*.

3. *M.P.*, p. 229-230.

trou noir de la conscience et de la passion subjective qu'on découvrira les particules capturées, échauffées, transformées, qu'il faut relancer pour un amour vivant, non subjectif (…) » [1]. Nous verrons plus loin ce qu'il faut penser de cette apparente complémentarité.

Ce que le visage fait à la *tête*, *l'organisme* le fait à tout le corps ; il l'organise, dresse la chair à entrer dans ses formes, donne à celles-ci un sens ou une connotation [2], distribuant des missions précises aux zones qu'il découpe en nous et que nous appelons organes. C'est ce qu'explique le second texte mentionné plus haut, « Comment se faire un corps sans organes ? ». D'une telle conception de l'organisme comme dressage du corps résulte que le corps lui-même préexiste à cette *mise en formes* : « l'organisme n'est pas du tout le corps, le CsO [3], mais une strate sur le CsO, c'est-à-dire un phénomène d'accumulation, de coagulation, de sédimentation qui lui impose des formes, des fonctions, des liaisons, des organisations dominantes et hiérarchisées, des transcendances organisées pour en extraire un travail utile » [4]. En termes foucaldiens (et la référence à Foucault n'est pas fortuite [5]), nous dirons que l'organisme n'est autre, en fin de compte, qu'une représentation du corps, son étalement dans une structure objectivable, intelligible, maîtrisable : comment interpréter, découper (mettre en *formes*), ce donné corporel pour qu'il me serve au mieux ?

---

1. *M.P.*, p. 231-232.

2. Les poumons, organes aériens ; le cœur, noble entre tous ; les organes génitaux, à voiler ou à dévoiler…

3. C'est-à-dire le corps sans organe, corps « premier » et aformel.

4. *M.P.*, p. 197.

5. L'influence de Foucault, principalement de sa conception de la *représentation* telle qu'il l'a développée dans *Les mots et les choses*, est fondamentale chez Deleuze : nous la retrouverons au cœur de son esthétique, indexée comme chez Foucault d'un indéniable coefficient de négativité.

C'est à cette ambition tout à la fois d'intelligibilité et d'utilitarisme que répond l'instance formelle de l'organisme deleuzien. Remarquons que la question de *mise en perspective* (*ou* mise en formes) du monde dans l'optique de sa plus grande *transparence* est la question directrice de l'homme de la représentation chez Foucault : comment découper, représenter l'étant pour qu'il me soit le plus intelligible, et dès lors le plus « profitable » ? Ce souci de clarté est fondamentalement celui du maître ou du pouvoir : dominer implique en effet de connaître et de maîtriser tout ce qui se passe dans le corps social… et individuel[1]. Le pouvoir est avant tout besoin de voir, obsession de clarté. C'est pourquoi, si l'âge classique niera purement et simplement l'obscur et l'inassimilable (par le grand renfermement de la déraison, ou par le rejet cartésien de l'hypothèse de la folie[2]), la modernité procèdera plus subtilement en transformant, par le biais de la prison, l'illégalisme « sauvage » en délinquance objectivable et localisable (perverse réussite de la prison)[3]. Plus subtilement encore, l'ultime stratégie du pouvoir consistera à normaliser le désir à travers la machine psychanalytique (l'analysant exprime ses désirs, *révèle son* inconscient à l'analyste qui pourra dès lors y mettre bon ordre et le normaliser)[4]. Tout cet acquis foucaldien est sous-jacent chez Deleuze : l'organisme, et plus généralement toute forme en tant que système délimité et structuré, est une représentation, c'est-à-dire en fin de compte, comme nous venons de le voir, une *stratégie* (une strate) mise en œuvre par

---

1. *Cf.* sur ce point l'idée de panoptique chez Foucault, dans *Surveiller et punir*, Paris, Gallimard, 1975, p. 197 *sq.*

2. Foucault, *Histoire de la folie à l'âge classique*, Paris, Gallimard, 1972, 1re partie.

3. Foucault, *Surveiller et punir*, *op. cit.*, p. 269 *sq.*

4. Foucault, *Histoire de la sexualité*, t. I, « La volonté de savoir », 1977.

le pouvoir afin de maîtriser, normaliser le réel (ici, le donné corporel).

De ce que l'organisme (toute forme) est un instrument élaboré par le pouvoir résulte deux conséquences essentielles :

– d'une part, cette forme « *rate le réel* ». Par les structures et les contours qu'elle lui impose, elle le coagule et le réifie, cristallise son incristallisable présence par la distance pelliculaire de sa grille interprétative. En fin de compte, la forme, appréhendée comme telle, perd la chose même, lache la proie vivante pour l'ombre de sa représentation. Crime d'Orphée, qui perd Eurydice pour avoir voulu s'assurer d'elle… Deleuze ne dit pas autre chose lorsqu'il dénonce la psychanalyse qui, voulant organiser le corps et l'inconscient, rate nécessairement l'essentiel.

– d'autre part, le Pouvoir, par les formes qu'il injecte dans le monde, *nous berne sur notre liberté*. En effet, l'organisme (et toute forme instituée) n'est pas présenté comme la « création », somme toute contestable, d'un certain ordre social[1], mais bien comme une necessité, un *donné irrémédiable*. La forme me limite, me quadrille, et trace sur moi le dessin de la nécessité dont elle s'affuble, exilant du même coup toute critique dans le domaine de la chimère. C'est pourquoi, nous dit Deleuze, « le CsO hurle : on m'a fait un organisme ! On m'a plié indûment ! On m'a volé mon corps ! Le jugement de Dieu l'arrache à son immanence et lui fait un organisme, une signification, un sujet »[2]. C'est précisément cela qui est reproché à la forme : se présenter comme un jugement de Dieu, une transcendance irréfragable qui impose au réel l'empreinte de sa structure. Sur le plan du transcen-

---

1. Il va de soi notamment que l'organisme humain n'a pas été vécu ni perçu de la même matière à toutes les époque.

2. *M.P.*, p. 197.

dantal, ce sera l'arrogance des concepts de la représentation prétendant révéler l'architectonique de ce qui est. Sur le plan de l'effectivité, ce sera le travail despotique de la machine abstraite de visagéification et « d'organicisation » : « Tu seras un organisme, tu articuleras ton corps, – sinon tu ne seras qu'un dépravé. Tu seras signifiant et signifié, interprète et interprété, – sinon tu ne seras qu'un déviant. Tu seras sujet, et fixé comme tel (…) sinon tu ne seras qu'un vagabond » [1].

Si l'organisme n'est qu'une stratégie du pouvoir et non le réel authentique, qu'en est-il alors de celui-ci ? Ou, en d'autres termes, que reste-t-il lorsque l'on a tout « ôté » [2] ? Il reste le corps sans organes (CsO), c'est-à-dire une *matière intense et non formée* [3], qui ne se définit que par « des axes et des vecteurs, des gradients et des seuils, des tendances dynamiques avec mutation d'énergies, des mouvements cinématiques avec déplacement de groupes, des migrations, tout cela indépendamment des *formes accessoires*, puisque les organes n'apparaissent et ne fonctionnent ici que comme des intensités pures » [4]. En d'autres termes, le CsO n'est autre que la pure et simple transposition pratique de cette matière aformelle et intensive qui constituait la réalité ultime du transcendantal.

Tout ceci peut être récapitulé comme suit : « l'ennemi », c'est la forme, sous l'espèce du concept (arrière-plan transcendantal) ou sous celle du sujet, de la signifiance et de l'organisme (avant-plan pratique). Que faire ? Comment se libérer de ces taxinomies despotiques ? Sur le plan transcendantal, il s'agira d'assumer, comme nous l'avons vu, les enseignements de « l'empirisme supérieur » : croire en un monde de singu-

---

1. *Ibid.*
2. *M.P.*, p. 188.
3. *M.P.*, p. 189.
4. *M.P.*, p. 190. C'est Deleuze lui-même qui souligne.

larités intensives préindividuelles (préformelles) et à leurs libres agencements[1]. Sur le plan pratique, (et c'est cela, en fin de compte, le véritable enjeu de la pensée deleuzienne), il s'agira de se constituer un corps sans organes (un corps sans formes imposées, fluide, libre, intense…)

2) Nous trouverons notre second exemple dans un texte de *Mille Plateaux*, à nos yeux fondamental, intitulé « Devenir-intense, devenir-animal, devenir-imperceptible »[2], ainsi que dans la postface que Deleuze a rédigée pour le livre de Michel Tournier *Vendredi ou les limbes du Pacifique*[3]. Rappelons brièvement de quoi il est question dans le premier de ces deux textes : nous trouvons comme point de départ, un ensemble de formes qui sont l'État, la famille et le moi. Ces trois instances sont présentées comme disciplinaires (elles encadrent, limitent, canalisent, normalisent…), et la question qui est d'emblée posée est celle de l'échappatoire à cet enfermement : que peut-il se passer au sein de cet ordre qui le dépasse et nous entraîne avec lui ? Rien d'autre qu'un devenir, devenir-intense, devenir-animal, devenir-imperceptible. Mais qu'est-ce qu'un devenir ? Ce n'est pas un voyage qui nous mènerait d'une forme à une autre : méta-morphose. Aussi, devenir-animal, ce ne sera pas se trans-former en animal, ni « faire » l'animal, ce qui ne serait jamais que changer d'instance contraignante (la forme-animal n'est pas plus libératrice que la forme-moi, ce serait même le contraire !). Devenir, ce n'est donc pas accéder à un être-autre, entrer dans une autre structure carcérale, ou imiter celle-ci. Toutefois, si devenir n'est ni être ni imiter, ce n'est pas pour autant un rêve ou un fantasme. Ce qu'il faut comprendre, c'est le devenir comme bloc, sans le référer à un

---

1. *D.R.*, p. 4.
2. *M.P.*, p. 284 *sq.*
3. Paris, Gallimard, 1972.

« sujet qui devient » ou à un passage entre deux « états ». Le devenir doit être considéré en lui-même, comme une pratique d'alliance et de contagion, une connexion mouvante qui file suivant sa propre ligne « entre » les termes mis en jeu (ainsi, la guêpe et l'orchidée forment un bloc de devenir mouvant qui sera également appelé, comme nous le verrons, une heccéité). Mais soit : ce n'est pas le statut du devenir qui nous intéresse ici[1], mais bien plutôt déceler les traces d'aformel dont il est transi.

Aformel, le devenir l'est tout d'abord en ce qu'il est *devenir-meute* : « Nous ne devenons pas animal sans une fascination pour la meute, pour la multiplicité »[2]. Pourquoi la meute est-elle aformelle ? Parce qu'elle implique dans son concept même la *mouvance des contours* (une meute n'est pas délimitable par un tracé fixe. Ainsi, un banc de poissons est-il infiniment changeant quant à la forme sous laquelle il se déploie), l'*anorganisation interne* (dans une meute, chacun est en principe tour à tour le point à partir duquel s'orientent les autres. Cette position en bordure est appelée anomale), ainsi que le *nombre n* des constituants (une meute est par essence indénombrable : c'est un collectif). Par la fluidité de son contour, la meute ressemble à ces cellules aux parois molles et mouvantes, sans forme assignable. Et cette absence de forme

---

1. Celui-ci serait à penser sur le mode deleuzien de la spécificité : le devenir comme tel serait extérieur à l'opposition classique de l'être et du devenir, de la même manière que la métastabilité s'inscrit au-delà de l'opposition stabilité/instabilité, et la multiplicité au-delà de l'opposition un/multiple. L'arsenal conceptuel deleuzien dénote l'ambition de constituer véritablement un autre mode de penser générateur d'un autre mode d'agir. N'est-ce pas d'ailleurs le désir de tout philosophe : rejeter les dichotomies traditionnelles et leur opposer, en une dichotomie nouvelle qui se veut autre (ou ne se veut pas comme telle…), sa propre pensée comme troisième voie ?

2. *M.P.*, p. 293.

externe se répercute sur le plan interne : aucune structure hiérarchique ne peut être relevée, aucun ordre ne peut y être désigné, dans la mesure où la meute ne se définit et ne s'agence qu'en fonction de son anomal (ou bordure), et que tout élément du groupe peut être amené à occuper cette position. L'anomal apparaît ainsi comme une fonction ou une exigence formelle (au sens kantien du terme cette fois) qui ne définit de ce fait aucun agencement déterminé. Tout agencement ne sera jamais que le produit ponctuel, conjoncturel et éphémère d'une situation donnée. Cet ordre variable et toujours à reprendre nous renvoie une fois de plus à ce qui a été dit de l'agencement des singularités constitutives des multiplicités dans le champ transcendantal. Enfin, cette « absence de forme » (que nous appellerons *aformalité*) externe et interne trouve sa consécration et son achèvement dans son caractère *indénombrable*. La meute n'aura à faire qu'avec le *nombre n* : *n* éléments, *n* aspects, *n* dimensions. Liberté du nombre *n* ou de ses dérivés (ainsi par exemple le nombre mille apparaît-il comme un substitut du nombre *n* : nous avons déjà évoqué les dix mille milliers d'anges du livre de Daniel. Nous pourrions également évoquer les mille et une nuits ou les mille plateaux de Deleuze lui-même… Il n'y a pas plus mille plateaux qu'il n'y a dix mille milliers d'anges : c'est au contraire une façon d'exclure tout inventaire !). Dénombrer (ou dénommer) c'est, nous le savons déjà, cristalliser, formaliser, définir. En d'autres termes et plus précisément, le nombre, comme le nom, est une *limite* : les iconoclastes et les tenants de la théologie négative l'avaient bien compris qui exigeaient que l'on s'abstint de représenter Dieu dans la matière ou le discours. Toute forme, peinte ou « dite », *limite* par le mouvement même de son tracé, comme le nom ou le nombre qui n'en sont en fin de compte que deux cas particuliers. Et le nombre est peut-être la plus despotique de toutes les formes : n'est-elle pas celle qui prétend à la plus grande apophanticité ? Peut-on contester que deux et deux fassent quatre, que le triangle aie trois côtés et l'octogone huit ? Le nombre (et les mathématiques qui en sont l'art) sont traditionnellement le dernier carré de la Vérité. Mais soit : si toute forme limite par son essence même, alors on comprendra aisément que l'absoluité divine implique l'aformalité. D'où les iconoclasmes divers, la théologie négative ou plus modestement l'hostilité des églises (monothéistes s'entend) à l'égard des débordements représentatifs. Dieu ne se mesure pas, ne se compte pas, ne se représente pas *stricto sensu*, et ne se nomme pas, ou si peu, et parce qu'il le faut bien... [1]. Mais si le respect de « l'intégrité divine », de sa « liberté d'être », supppose que l'on s'abstienne de le limiter par un travail représentatif trop arrogant, ne faut-il pas en dire autant pour la liberté en général ? La liberté de se faire être, de produire, de créer, ne suppose-t-elle pas à son tour un laminage des formes ? Seule l'aformalité permet la liberté : n'est-ce pas en fin de compte ce que dit Sartre lorsqu'il profère que c'est dans la mesure où l'homme n'est rien (n'a pas d'essence, pas de forme donnée) qu'il peut se faire tout ? Et n'est-ce pas ce que pense fondamentalement Deleuze, lorsqu'il met sur pied sa conception du transcendantal comme grouillement aformel, ou exalte le nombre *n* et la dissolution des noms propres [2] ? Voilà une piste sur laquelle nous aurons à revenir lorsque nous envisagerons les fondements de la position deleuzienne quant au statut de la forme.

---

1. Sur les restrictions originelles dans l'utilisation de l'image, et du nom de Dieu, *cf.* H. Corbin, « nécessité de l'angélologie », et A. Abecassis, « Genèse, histoire et signification de l'angélologie dans la tradition d'Israël », dans *L'ange et l'homme*, Paris, Albin Michel, 1978, p. 15 *sq.* et 83 *sq.*

2. *Cf.* note, *L.S.*, p. 10 ; *M.P.*, p. 197 *in fine*.

Si nous revenons à la notion de meute, nous comprenons à présent que celle-ci n'est en fin de compte rien d'autre que *l'image concrète de la multiplicité transcendantale*, puisqu'elle présente comme elle les caractères d'intrinsécité de l'ordre, d'aformalité et d'indénombrabilité. Aussi peut-on dire que le devenir-animal est en quelque sorte l'accomplissement existentiel de l'idée de multiplicité comme agencement intrinsèque, produit, mouvant et aformel. Or, nous avions constaté que la multiplicité n'était pas la dernière instance du transcendantal, mais que celui-ci était fondamentalement constitué de singularités intensives. Si nous postulons que les caractères du transcendantal se retrouvent à l'horizon de la pratique, et donc en l'occurrence dans le devenir-animal, il faut que nous retrouvions dans ce dernier la même dimension de secondarité qui caractérisait la multiplicité. Or tel semble bien être le cas : il apparaît en effet que le devenir-animal ne nous est proposé que « transitoirement », à titre d'expérience bouleversante et démoniaque, destinée à faire vaciller le moi et tous les systèmes qui nous clouent dans leurs structures arborescentes. Nous disons donc : le devenir-animal est une étape. Mais une étape vers quoi ? Vers le *devenir-imperceptible* qui nous est présenté comme le véritable destin du moi dissous : « Il ne faut pas attacher aux devenirs-animaux une importance exclusive (...). Au-delà encore, on trouve des devenirs élémentaires, cellulaires et moléculaires, et même des devenirs imperceptibles »[1]. C'est donc à l'imperceptible, au grouillement moléculaire que nous mène en fin de compte le rhizome du devenir. « Une fibre va d'un homme à un animal, d'un homme ou d'un animal à des molécules, de molécules à des particules, jusqu'à l'imperceptible »[2]. Le mouvement deleuzien

1. *M.P.*, p. 304.
2. *M.P.*, p. 305.

se dévoile ainsi comme celui d'une dissolution : *dissoudre* le visage, l'organisme, le moi, en passer par l'agencement aformel de la meute (ou multiplicité), pour aboutir enfin à la libre fluidité de l'imperceptible. Encore faut-il, pour que ce destin soit parfait, qu'il soit aformel jusque dans sa dimension temporelle elle-même. Aussi Deleuze s'empresse-t-il de dire que ce devenir n'est pas un processus par étapes (ce qui réinsérerait une segmentation), mais que tout cela est en quelque sorte simultané, de l'ordre de ce temps non pulsé qu'est *l'aion* : « C'est déjà trop de postuler un ordre qui irait de l'animal au végétal, puis aux molécules, aux particules. Chaque multiplicité est symbiotique et réunit dans son devenir des animaux, des végétaux, des micro-organismes, des particules folles, toute une galaxie » [1].

Cette analyse de la dynamique du devenir peut se résumer comme suit : partis de la considération du moi comme instance oppressive, nous découvrons qu'il est à subvertir par ce qui se présente dans un premier temps comme un devenir animal pour se révéler ensuite comme entreprise de dissolution dans l'élémentaire [2]. La structure de ce projet pratique présente de toute évidence une profonde similitude avec celle que nous avons découverte dans le champ transcendantal : *de part et d'autre, une pseudo-forme (ligne, agencement variable) se révèle comme seconde par rapport à une réalité molécularisée*. On pourrait dès lors présenter la conception deleuzienne comme structurée selon une progression qui nous conduirait d'un transcendantal fondamentalement aformel (composé d'intensités pures), s'agençant en multiplicités (idées, événements considérés en eux-mêmes…) qui s'actualisent ensuite

1. *M.P.*, p. 306.
2. Sur les restrictions à cette dissolution, sous forme de « mise en garde », cf. *infra*.

en formes concrètes (découpage du champ perceptif en sujets et objets). Le projet pratique (et théorique) proposé consisterait alors à dénoncer la pseudo-nécessité de ces formes pour en revenir, par l'entremise de « l'empirisme supérieur » et du « devenir-animal, devenir-intense, devenir-imperceptible », à la liberté de l'élémentaire « originel ». Remarquons que la forme apparaît dans ce schema comme une parenthèse entre deux dimensions de fluidité…

Cette subversion des formes par le devenir-élémentaire dont *Mille Plateaux* nous détaille les arcanes, Deleuze nous la montre *à l'œuvre* dans le destin exemplaire du Robinson de Michel Tournier. Nul n'ignore l'argument de cette histoire célèbre, mais tout le génie de Tournier sera d'en faire l'épure d'une épopée intérieure, à savoir celle d'un homme qui passe de la pseudo-solitude d'un monde hanté par autrui à cet au-delà de la solitude qu'est la liberté d'un monde sans autrui. Le point de départ de ce qui nous sera présenté comme un processus de libération est donc le *monde commun*, avec ses traditions, ses institutions, ses bateaux et ses capitaines. Bref, c'est le monde de Robinson avant son naufrage et celui qui persistera dans les premiers temps de celui-ci. Ce monde commun, nous dit Deleuze, c'est le monde marqué par la présence *d'autrui*. Autrui est à comprendre ici comme la structure qui organise le champ perceptif en sujets et en objets et préside aux relations entre ces éléments[1]. Percevoir autrui ou en supposer la présence, c'est du même coup agencer le monde et soi-même par rapport à lui. Ce que je désire, ce que je fais, je sais qu'autrui peut le désirer, le faire, le penser aussi : il peuple le monde et mes désirs d'une rumeur bienveillante[2]. Et

---

1. Deleuze, postface à *Vendredi ou les limbes du Pacifique*, Paris, Gallimard, 1972, p. 271.

2. *Ibid.*, p. 262.

ce que je ne vois pas, je le pose en même temps comme visible par lui [1], de telle sorte que, même lorsqu'ils se trouvent hors de mon champ perceptif, les objets restent sagement dans leur rôle d'objets, serviles et dociles, toujours identiques à eux-mêmes. Autrui, berger des choses, Bonus Pastor des formes du monde. Et il importe peu, vous l'aurez compris, que cette structure-autrui [2] soit actualisée ou non par la présence d'autruis concrets, puisque sa prégnance est en moi.

Ce qui nous retiendra ici, c'est précisément la définition d'autrui comme *structure découpant à même le monde un système de formes* (sujets et objets), qui est simultanément présenté comme un *emprisonnement des éléments* « dans la limite des corps, et au plus loin, dans les limites de la terre » [3]. Autrui impose aux éléments (au moléculaire) des limites, des contours, des cristallisations et est de ce fait même, selon une idée qui nous est à présent connue, une matrice de carcéralité. L'aventure de Robinson ne sera dès lors rien d'autre que l'histoire d'une libération, où toute forme, jusqu'à celle de l'homme lui-même, se dissout dans l'élémentaire. « La fin, le but final de Robinson, c'est la *déshumanisation*, la rencontre de la libido avec les éléments libres, la découverte d'une énergie cosmique ou d'une grande santé élémentaire, qui ne peut surgir que dans l'île, et encore dans la mesure où l'île est devenue aérienne ou solaire » [4]. Le roman de Tournier apparaît donc, pour Deleuze, comme l'épure et la parabole d'un combat fondamental « dont l'enjeu est l'emprisonnement ou la libération de tous les éléments » [5].

---

1. *Ibid.*, p. 262.
2. L'allusion sartrienne n'est pas fortuite.
3. Deleuze, postface citée, p. 271.
4. *Ibid.*, p. 259.
5. *Ibid.*, p. 258.

Aucun texte deleuzien n'est sans doute plus explicite que celui-là : autrui apparaît comme la forme matrice de toutes les formes instituées et dès lors comme « l'ennemi à abattre ». Il s'agit de se délivrer d'autrui, de retrouver le grouillement libre et fluide du monde sous les stratifications arbitraires et despotiques. C'est une fois de plus à un devenir-élémentaire que nous sommes conviés, par l'entremise de cette « hypothèse-Robinson » qui n'est autre que celle de la perversité (car, ce que Robinson fait sur son île n'est que l'expression imagée de ce que le pervers, au sens deleuzien, fait dans son île intérieure)[1]. Remarquons que nous retrouvons dans cette « libération » la même progression que celle que nous avions décelée dans le devenir-imperceptible et précédemment dans la découverte du transcendantal : la dissolution de la forme-autrui en passe d'abord par le dégagement d'un « double lumineux » des choses, « non pas une réplique, mais l'image redressée où les éléments se libèrent et se reprennent, tous les éléments devenus célestes et formant mille figures capricieuses élémentaires »[2]. Et ce double éthéré et mouvant qui se dégage des choses n'est autre, par les caractères qui nous en sont proposés (mobilité, variabilité, intrinsécité, secondarité par rapport à l'élémentaire), qu'une nouvelle formulation de la multiplicité transcendantale ou du devenir-meute auquel succèdera, en dernière instance, « un élément pur enfin libéré »[3]. Ces « doubles sans ressemblance et éléments sans contrainte »[4] conduisent en effet Robinson « à la découverte des éléments libres, plus radicaux que les Images ou les Doubles puisqu'ils les forment »[5]...

---

1. *Ibid.*, p. 268.
2. *Ibid.*, p. 272.
3. *Ibid.*, p. 272.
4. *Ibid.*, p. 276.
5. *Ibid.*, p. 277.

CHAPITRE II

INTELLIGIBILITÉ

HOSTILITÉ ?

De l'examen du statut théorique et pratique de la notion de forme auquel nous venons de procéder semble se dégager une certaine « hostilité » de la pensée deleuzienne à son égard. Plusieurs arguments, aperçus dans l'exposé précédent, paraissent aller dans ce sens :

1) La référence fondamentale à Simondon dont l'ambition était, on s'en souvient, de dépasser la réflexion en termes d'individués pour accéder enfin au préindividuel. Ce projet, Deleuze en poursuit à sa manière l'exigence puisqu'il entend par l'empirisme supérieur qu'il préconise, dévoiler au-delà des formes (ou individuations) le monde aformel et intensif des singularités.

2) La multiplicité comme agencement intrinsèque des singularités apparaît dès lors comme marquée d'une incontestable « secondarité métaphysique ». De plus, quand bien même

objecterait-on qu'elle tient néanmoins une place éminente dans la pensée deleuzienne, il n'en resterait pas moins qu'elle nous est apparue, dans sa nature même, comme à l'extrême limite du concept de forme.

3) Cette opinion est enfin confirmée par les exemples particuliers que nous avons exposés : le visage, l'organisme, le moi, le nom propre et le nombre sont autant de formes instituées qui, en tant que telles, sont abondamment et expressément dénoncées par Deleuze. À ces exemples, nous pouvons en ajouter bien d'autres : la mémoire (comme conservatrice des formes, réceptacle à souvenirs ; Deleuze lui oppose la liberté de l'oubli[1]), l'État (auquel il oppose le modèle nomade et la machine de guerre[2]), la psychanalyse et son arsenal de concepts et de procédures[3], etc.

Tout ceci n'est-il pas suffisamment clair ? Ne faut-il pas se borner à constater ce qui s'impose avec évidence, à savoir *l'indice de négativité* qui marque indubitablement la notion de forme dans la pensée deleuzienne ? Ne faut-il pas dès lors, sans tergiverser davantage, reconnaître un certain « anarchisme fondamental » au cœur de cette pensée soucieuse de fonder la liberté sur la fluidité ultime du monde ? L'intelligibilité du statut de la forme se résumerait alors à un constat d'excommunication frappant ce concept comme démon sans cesse à démasquer : travail infini des nomades, des saboteurs et des artistes trouant l'ordre apollinien de leurs lignes dionysiaques, griffes de l'imperceptible dans la chair du monde.

---

1. Cf. *M.P.*, p. 31-35. *D.R.*, p. 365-366. En ce qui concerne l'application de cette idée à l'esthétique musicale, Deleuze renverra à un article de D. Charles, « La musique et l'oubli », *Traverses* n°4, 1976, p. 14.

2. *Cf.* note, *M.P.*, p. 434 *sq.*

3. *Cf.* note, *M.P.*, p. *38 sq.* et p. 187. Sur les rapports ambigus de Deleuze et de la psychanalyse, cf. *infra.*

CONTINGENCE ?

Toutefois, l'on aura tôt fait de remarquer que cette interprétation en termes de pure hostilité se heurte à d'incontes-
tables arguments de texte : lorsque nous avons exposé la mise
en œuvre du statut de la forme dans le cas particulier du visage,
nous avons fait mention de ce que nous avons alors qualifié,
sans nous y attarder davantage, de « mise en garde » ou d'une
sorte de « complémentarité apparente » qui viendrait perturber
la pure dissolution de la forme. De quoi s'agit-il ? Après avoir
stigmatisé la dimension carcérale de toute forme donnée
(visage, organisme, État, famille, moi…) et en avoir préconisé
de ce fait la destruction libératrice, Deleuze semble pris de ce
qui apparaît à première vue comme une sorte de « remords » [1] :
une telle destruction des structures ne risque-t-elle pas d'aboutir au chaos indifférencié ? La ligne de fuite libératrice ne va-
t-elle pas, si on lui laisse les pleins pouvoirs, tourner en ligne
de mort ou d'abolition ? Deleuze n'ignore pas cet obstacle :
supprimer toute forme dans l'exaltation d'un devenir-imperceptible, c'est aussi bien déboucher sur l'indifférencié, sur une
pulvérisation du réel au sens propre du terme, supprimant tout
contour et de ce fait tout point d'appui, avec au bout du chemin
l'homogénéité immobile du néant… En d'autres termes,
l'aformel pur est aussi figé que le monde cloisonné des formes :
quelles tensions, quelles différences de potentiel pourraient
encore subsister dans un monde de particules « équiva-
lentes » ? Que reste-t-il de la ligne de fuite si elle ne fuit plus
rien ? Et du rhizome, de l'herbe folle, du nomade, s'ils n'ont

1. Pour ce qui concerne le visage : *M.P.*, p. 230 ; l'organisme : *M.P.*, p. 198 ;
le devenir : *M.P.*, p. 331, 349, 371 ; pour l'art « représentatif » : *M.P.*, p. 424. La
conclusion de *M.P.* est particulièrement explicite sous ce rapport.

plus aucun « autre » contre lequel s'éprouver ? Le mouvement,
la fuite, l'hétérogène n'existent-ils pas seulement relativement
à leur contraire ? Aussi Deleuze met-il le lecteur en garde :
« défaire le visage, ce n'est pas une petite affaire. On y risque
bien la folie »[1], d'où il suit que « c'est seulement au sein du
visage, du fond de son trou noir et sur son mur blanc, qu'on
pourra libérer les traits de visagéité, comme des oiseaux »[2]. Il
en va de même pour l'organisme : « il faut en garder assez pour
qu'il se reforme à chaque aube (…). Le pire n'est pas de rester
stratifié-organisé, signifié, assujetti mais de précipiter les
strates dans un effondrement suicidaire ou dément, qui les fait
retomber sur nous, plus lourdes à jamais »[3]. Se garder, donc,
des lignes de fuite qui prolifèrent imprudemment et détruisent
tout sur leur passage. Se garder de brûler trop compulsivement
les tyrans qui nous oppriment, sous peine de somber dans le
vide cancéreux de l'abolition et du néant :

> Aussi toutes les entreprises de déstratification (par exemple,
> déborder l'organisme, se lancer dans un devenir) doivent-elles
> d'abord observer des règles concrètes d'une prudence extrê-
> me : toute déstratification trop brutale risque d'être suicidaire
> ou cancéreuse, c'est-à-dire, tantôt s'ouvre sur le chaos, le vide
> et la destruction, tantôt referme sur nous les strates qui se
> durcissent encore plus et perdent même leur degré de diversité,
> de différenciation et de mobilité[4].

La conclusion de *Mille Plateaux* regorge de ce type de mises
en garde et l'ouvrage d'esthétique sur Francis Bacon, que nous

1. *M.P.*, p. 230.
2. *M.P.*, p. 232.
3. *M.P.*, p. 199.
4. *M.P.*, p. 268.

analyserons plus loin, reprendra de façon itérative cette même mise en garde [1].

Comment interpréter cette incontestable rémanence de la forme ? Faut-il y voir la marque d'un certain échec de la pensée deleuzienne ? On soutiendrait alors que Deleuze s'est en fait heurté à l'impossibilité pratique de ses spéculations théoriques : la fluidité assurée au plan transcendantal par le grouillement libre des singularités, qui ne s'ordonnent jamais qu'en séries autonomes et mouvantes, ne pourrait être transposée sur le plan de l'effectivité sans déboucher inévitablement sur la chaos et l'indifférencié (l'abolition des formes aura toujours pour conséquence concrète la folie, l'anarchie, la mort et l'immobilité au bout du compte, alors que c'était précisément le libre mouvement qui était recherché). Et ceci expliquerait pourquoi, après avoir été reniée dans le cadre du projet théorique, la forme ferait ensuite une réapparition « forcée » dans les exposés pratiques... Cette réinjection du formel devrait être regardée comme un élément exogène au système deleuzien et critiqué comme le colmatage inavoué d'une brèche fondamentale.

Condamner sans autre forme de procès la réinsertion de la forme comme le simple escamotage d'un échec nous paraît toutefois un peu hâtif. Aussi n'est-ce pas la voie que nous choisirons, préférant donner au texte deleuzien sa chance maximale. Mais comment expliquer dès lors que la forme, après avoir été tout d'abord vigoureusement dénoncée, soit ainsi alléguée en dernière instance ? Nous pensons que l'intel-

---

1. Deleuze, *Francis Bacon, Logique de la sensation*, Paris, Éditions de la Différence, 1984. Nous utiliserons dorénavant l'abréviation *F.B.* Sur le risque de dégénérescence « chaotique » en peinture, *cf.* p. 71, 91, et 67 : « Il n'y a pas de peinture qui ne fasse cette expérience du chaos-germe, où il ne voit plus rien, et risque de s'abîmer : effondrement des coordonnées visuelles (...). Le peintre affronte là les plus grands dangers, pour son œuvre et pour lui-même », cf. *infra.*

ligibilité de cette démarche peut être trouvée dans la mise à jour des *trois moments logiques* qui, selon nous, caractérisent la pensée deleuzienne quant au statut de la forme dans le champ pratique [1].

1) Dans un premier temps Deleuze procède, ainsi que nous l'avons vu, à la stigmatisation de la forme prégnante dans le champ de l'effectivité. Il la dénonce en tant que *structure coagulante brimant la libre fluidité de l'élémentaire*. Par ce premier moment (qui est en quelque sorte celui de la thèse), les découpages autoritaires du monde en objets, sujets, institutions, etc. sont dévoilés dans leur essence carcérale. Ainsi nous constatons par exemple que les premières pages du texte « Année zéro-Visagéité » [2] sont consacrées à la description de ce qu'est en fin de compte un visage, à savoir une forme despotique génératrice de signifiance et de subjectivation.

2) Dans un second temps, Deleuze expose ce que nous qualifierons « d'antithèse » : ces formes, il ne s'agit rien moins que de les *défaire*, de les subvertir, de les « faire fuir » (comme on fait fuir un tuyau) afin de libérer l'élémentaire qu'elles enserrent dans leurs quadrillages. Dans « Année zéro-Visagéité », ce second moment peut être localisé après une dizaine de pages [3]. Remarquons toutefois que ces deux premiers moments peuvent être exposés simultanément, en une sorte de dialogue entre la forme et ce qui lui est opposé. Aussi, dans le texte « Comment se faire un corps sans organes ? », la forme-organisme est présentée alternativement avec le projet de sa destruction libératrice (le CsO). Dans le texte « Devenir-intense, devenir-animal, devenir-imperceptible » [4], la forme

1. Nous verrons plus loin comment ces trois temps affecteront l'esthétique.
2. *M.P.*, p. 205.
3. *M.P.*, plus précisément, p. 228-230.
4. *M.P.*, p. 284.

à défaire, à savoir le « mode d'être » sédentaire-œdipien, apparaît comme l'interlocuteur implicite mais omniprésent du devenir-imperceptible. Toutefois, que ces deux premiers moments soient distincts dans l'écriture ou présentés en alternance explicite ou implicite, ils n'en restent pas moins toujours parfaitement décelables.

3) Reste le troisième moment, que nous avons décrit comme une sorte de « mise en garde » et dont le statut ambigu nouait la controverse. Afin de trancher celle-ci et de restaurer dès lors la cohérence positive de la pensée deleuzienne, il nous faut en revenir un instant au premier moment : qu'est-ce qui, en fin de compte, y est nié ? La forme, certes, et nous savons à présent pourquoi. Mais, l'on ne peut en réalité s'arrêter là, ainsi que nous l'avons fait tout d'abord : il convient de rechercher plus précisément le chef d'accusation ultime sur base duquel elle est condamnée. Cette démarche nous amène à constater ceci : ce qui est reproché aux formes, qu'il s'agisse du Moi, des institutions socio-politiques ou des concepts de la métaphysique, c'est fondamentalement *la nécessité qu'elles s'arrogent* en s'imposant. Ce qui est nié, refusé en elles, c'est précisément l'aspect irréfragable sous lequel elles se présentent à nous. Ainsi, ce qui est récusé dans ce premier moment, ce sera notamment comment le visage s'impose à nous comme une forme nécessaire, comme un inconditionnel auquel il faudrait se soumettre car il résulterait d'une structuration semblable de l'Être même. Or, pour Deleuze, le visage n'est pas un universel puisqu'« avant » lui il y a, comme il tente de le montrer, la « tête primitive » toute autre que le visage. Aussi « on se coule dans un visage plutôt qu'on en possède un »[1]. On se soumet à cette forme qui, sitôt instaurée, se posera comme nécessaire, inévitable, enracinée dans l'être même, de la même

1. *M.P.*, p. 217.

manière que ces rois qui prétendaient fonder en Dieu leur pouvoir arbitraire... Et c'est à la même supercherie que recourt l'organisme : il dresse notre corps à se percevoir selon tel type d'articulation et fait de ce dressage une nécessité. « Tu seras organisé, tu seras un organisme, tu articuleras ton corps – sinon, tu ne seras qu'un dépravé »[1]. Et l'accusation de Deleuze sera implicitement toujours la même à cet égard : si la forme doit être détruite, c'est en tant qu'elle se pose comme irréfragable, en tant qu'elle s'arroge par dol une nécessité qu'elle n'a pas, repoussant dès lors comme chimérique toute volonté subversive. La première chose à faire pour contrer cette entreprise subtilement totalitaire[2] était de montrer que ces formes ne peuvent se revendiquer d'un transcendantal « à leur image » : le champ transcendantal est, considéré par cet empirisme supérieur (à la supercherie) que préconise Deleuze, fondamentalement aformel, intensif et fluide. Après avoir ainsi rompu l'enracinement métaphysique du despotisme formel, on peut alors « retourner » dans le champ pratique et plaider à armes égales contre l'autorité des formes instituées enfin dévoilées dans leur contingence. Nous pouvons à présent comprendre la réinsertion de la forme telle qu'elle est opérée dans le troisième moment : *niée dans sa nécessité, rien ne s'oppose à ce qu'elle soit réintroduite dans sa contingence*. Ce qu'il fallait détruire, c'est la forme en tant qu'elle s'impose dolosivement comme inamissible : cette opération effectuée, on peut sans crainte en réinjecter à petites doses limitées et contrôlables...

---

1. *M.P.*, p. 197.

2. Ce totalitarisme des formes est subtil, puisqu'il présente toute velléité de découpage divergent du monde comme une chimère, un fantasme, une utopie. C'est l'existence même d'une critique fondamentale, ou plutôt sa consistance, qui est annihilée.

Par cette argumentation, nous comprenons certes que la forme puisse être réintroduite. Toutefois, l'on ne manquera pas d'objecter avec raison que Deleuze ne dit pas qu'elle *peut* l'être, mais bien qu'elle *doit* l'être : comment comprendre dès lors cette nécessité d'une réinjection de la forme (définie elle-même comme contingente)? En tant que cette notion, quelle que soit la négativité qui l'investit, constitue malgré tout le *garde-fou* qui préserve du chaos pratique et qui empêche la ligne du devenir de tourner en ligne de mort ou d'abolition, ainsi que le danger en a été exposé plus haut. Cette interprétation est confirmée par la récurrence de l'idée de prudence dans l'exposé de ce troisième moment [1].

L'expérimentation de la liberté nouvellement conquise requiert donc certaines précautions, « non pas la sagesse, mais la prudence comme dose, comme règle immanente à l'expérimentation : injections de prudence » [2]. Non pas la sagesse, car celle-ci suppose la référence à un savoir et donc à un ensemble de concepts préétablis, mais une prudence expérimentale, immanente : on assume le grouillement des singularités dans la fêlure du Moi dissous, on descend une à une les marches du devenir-imperceptible, mais on garde toujours une main sur la rampe des formes...

Peut-on dès lors parler d'une *complémentarité* entre la forme et l'aformel, le molaire et le moléculaire, la structure et la ligne? Nous ne le pensons pas. Suivant la profonde analyse de cette notion effectuée par Jean Paumen [3], nous considérons

1. *Cf.* réf. n°107, spécialement *M.P.*, p. 199.

2. *M.P.*, p. 187.

3. J. Paumen, « Accomplissement et complémentarité », *Bulletin de la Société française de Philosophie*, 1979, p. 144 : « Le procédé de recours aux complémentaires exige, d'une part, que soit pleinement reconnue l'irréductibilité d'un des deux thèmes à l'autre thème. Il suppose, d'autre part, que les deux thèmes sont destinés à la détermination (…) d'un même objet d'investi-

en effet que deux termes ne sont complémentaires que pour autant qu'ait été radicalement récusée toute primauté de l'un des termes sur l'autre terme. Une telle récusation des primats suppose à son tour que soit reconnue à chacun des termes un même rang de dignité heuristique et axiologique : « Ne serait-ce pas, en effet, fausser l'esprit du recours aux complémentaires que de se décider à reporter tout le poids de l'obscurité et de la confusion sur l'un des thèmes et à concentrer le bénéfice de la luminosité et de la netteté sur l'autre thème ? À ce compte, l'un des thèmes aurait pour seul office de préserver ou de conso-lider la fonction opératoire de l'autre thème et l'on se trouve ainsi incliné à privilégier, malgré que l'on en ait, l'un des deux thèmes aux dépens de l'autre » [1]. N'est-ce pas à une démarche similaire que nous assistons chez Deleuze ? Certes, il ne s'agit pas d'octroyer [2] toute la clarté à un terme et toute la confusion à l'autre, mais, ce qui revient fondamentalement au même, toute la « créativité » (toute la fluidité, toutes les vertus libératrices) à l'un des termes, et toute la carcéralité (tout le despotisme, toute la rigidité) à l'autre terme. L'égalité est dès lors incontes-tablement rompue, en fait sinon en droit, et l'on ne peut vala-blement soutenir que le refus des primats ait été respecté. Aussi doit-on conclure pour Deleuze comme Paumen concluait pour Bergson : « Comment expliquer (…) que les très nombreux couples de termes avec lesquels Bergson a opéré, de 1889 à 1934, ne s'imposent jamais à nous comme des couples de complémentaires ? Jusque dans la disposition des termes qui

---

gation. Il exclut ensuite tout essai d'introduction du primat de l'un des thèmes sur l'autre. Il prévient enfin toute tentative de ratification d'une dialectique à la faveur de laquelle les deux thèmes (…) seraient appelés à se renoncer dans un troisième thème (la synthèse) ».

1. J. Paumen, *op. cit.*, p. 145.

2. Comme c'est le cas pour Dupréel, auquel se réfère en l'occurence Jean Paumen.

les composent, ces couples s'ordonnent, les uns par rapport aux autres, selon les lois d'une implacable symétrie ; dans chacun des couples, l'un des termes est marqué d'un coefficient de positivité, tandis que l'autre est marqué d'un coefficient de négativité » [1], d'où il résulte que, en dépit des apparences (la symétrie des couples), la complémentarité ne peut, ni pour l'un ni pour l'autre, être alléguée.

De ce que la forme soit intrinsèquement contingente (quoique son maintien marginal soit pratiquement nécessaire) résulte *deux conséquences* :

1) Le dévoilement de la contingence des formes et de la ductilité foncière du monde à la volonté humaine aura tout d'abord pour conséquence la mise au point de l'idée *d'heccéité*. En effet, si le monde est intrinsèquement ductile, si rien n'est donné, si aucune forme (aucun découpage, aucune institution, aucune essence) ne préexiste à l'homme, alors je suis investi du pouvoir de créer, non pas des formes (car Deleuze, spontanément, s'en méfie), mais des individualités nouvelles qui sont des heccéités. Mais, plus précisément, qu'est-ce qu'une heccéité ? Il s'agit, ainsi que nous l'avons évoqué plus haut, d'un mode d'individuation spécifique qui constitue une individualité nouvelle par la *connexion d'éléments hétérogènes*, et qui se définit seulement par ce que Deleuze nomme une « longitude » et une « latitude », « c'est-à-dire l'ensemble des éléments matériels qui lui appartiennent sous tels rapports de mouvement et de repos, de vitesse et de lenteur (longitude) ; l'ensemble des affects intensifs dont il est

---

1. J. Paumen, *op. cit.*, p. 146. Remarquons que Bergson est d'ailleurs une référence fondamentale de Deleuze, qui lui a consacré deux monographies : *Bergson, mémoire et vie*, Paris, PUF, 1963 ; et *Le bergsonisme*, Paris, PUF, 1966.

capable, sous tel pouvoir ou degré de puissance (latitude) »[1]. Nous dirons, en d'autres termes, que l'heccéité est un *agencement sui generis qui déroge au découpage traditionnel du champ perceptif en sujets/objets/fond*. L'heccéité, qui, soulignons-le, n'est pas une forme, est définie par Deleuze comme un rhizome[2], une ligne qui enserre, réunit et distingue par son tracé un ensemble d'éléments hétérogènes, créant ainsi une entité inédite et toujours mouvante. Nous avons déjà évoqué plus haut quelques exemples de ce type d'individualités nouvelles : une intensité de blanc qui se compose avec un degré de chaleur pour former l'atmosphère blanche d'un été chaud[3], une nuée de sauterelles apportée par le vent à cinq heures du soir, un loup-garou à la pleine lune[4], etc. Et Deleuze d'insister sur la dimension subversive, transversale, de ce mode d'individuation : « On ne croira pas que l'heccéité consiste simplement dans un décor ou dans un fond qui situerait ces sujets, ni dans des appendices qui retiendraient au sol les choses et les personnes. C'est tout l'agencement dans son ensemble qui se trouve être une heccéité : c'est lui qui se définit par une longitude et une latitude, par des vitesses et des affects, indépendamment des formes et des sujets qui n'appartiennent qu'à un autre plan »[5]. De tout ceci ressort la double dimension, que nous dirons poétique et poïétique, de cette notion esssentielle. *Poétique*, en ce que les éléments connectés ne sont pas considérés dans leur dimension « habituelle » de forme ou de sujet, mais bien comme des forces ou des puissances d'affect, des particules et des flux qui concrétionnent et se défont au fil de la

1. *M.P.*, p. 318.

2. *M.P.*, p. 321. En principe il faudrait même relier chaque terme par un tiret pour marquer l'unité de l'ensemble.

3. *M.P.*, p. 319.

4. *M.P.*, p. 320.

5. *M.P.*, p. 321.

ligne mouvante qui les agence. *Poïétique*, dans la mesure où l'heccéité relève de la praxis et de l'expérimentation, du faire et non du penser : on la compose du sein même de son devenir, comme on composerait les essences d'un parfum, et sa raison d'être n'est autre que d'exhumer les forces qui dorment sous les choses afin qu'elles nous saisissent et nous emportent avec elles. Dans une heccéité comme dans un parfum, rien n'est à comprendre et tout est à vivre.

La notion d'heccéité apparaît dès lors comme une expression privilégiée de la pensée deleuzienne, puisqu'elle concentre les caractères de *linéarité* (l'heccéité est un rhizome), *d'intensité* (elle est composition de puissances d'affect), d'« *existentialité* » (elle s'adresse directement à notre existence, à notre devenir), de *contingence* (elle est produite, jamais donnée) et de *subversion* (elle procède à un découpage transversal du monde).

2) La seconde conséquence de l'affirmation de la contingence des formes (ancrée dans un transcendantal aformel et intensif) est l'opposition caractéristique de la *machine* et de *l'organisme*. De ce dernier, nous en avons suffisament dit précédemment pour savoir à quoi nous en tenir à son sujet. Quant à l'idée de machine, elle constitue indubitablement une idée récurrente de la pensée deleuzienne : il y a une machine abstraite de visagéité[1], des machines abstraites en art (la machine-Wagner, la machine-Fitzgerald)[2], une machine abstraite de surcodage dont résulte l'appareil d'État[3], une machine abstraite de mutation qui opère les décodages et les déterritorialisations[4], une machine abstraite de contenu et

1. *M.P.*, p. 207.
2. *M.P.*, p. 178. Sur la machine abstraite en art, cf. *infra*.
3. *M.P.*, p. 272.
4. *Ibid.*

d'expression (dans le langage)[1] ou une machine abstraite à produire le sens[2] etc. En fin de compte, *il faut essayer de penser le monde en termes de matière (anonyme) et de mouvement (intensif) agencés par une (ou plusieurs) machines*: « Machinisme universel : un plan de consistance occupé par une immense machine abstraite aux agencements infinis »[3]. La machine apparaît donc comme le modèle même du réel deleuzien, comme la « nature intrinsèque de la nature »[4]. Pour quelle raison ? C'est assez simple à comprendre : parce que la machine est par essence même ce qui est *produit* et non donné, ontologiquement contingent et non ontologiquement nécessaire. Elle ne se présente pas comme un « être », une nécessité irréfragable, mais comme le produit d'un « faire », la construction d'une volonté. En l'occurrence la machine abstraite « universelle » apparaît dans une dimension de liberté cristalline, puisqu'elle se présente comme l'agencement intrinsèque et mouvant[5] d'une matière anonyme, intensive et dès lors dénuée de toute forme préexistante, susceptible de canaliser l'agencement dans un sens ou dans un autre. Dire que le monde doit être pensé comme une machine (intrinsèquement déterminée, et non par une Volonté extérieure, ce qui reviendrait à en faire pour nous une nécessité), c'est une autre façon de dire qu'aucune forme n'est donnée *a priori*. Soulignons que cette

1. *M.P.*, p. 176.

2. *L.S.*, p. 98-99.

3. *M.P.*, p. 313.

4. Certes me direz-vous, mais le rhizome, dont nous savons l'importance, n'est-il pas une plante, un organisme ? Oui, mais il l'est au titre de « contre-figure » de l'arbre. C'est une plante-machine, une plante qui s'agence sans plan préétabli, poussant dans n'importe quelle direction. Alors que l'arbre est au contraire une plante-organisme, c'est-à-dire une structure organisée, progressant par dichotomies dans un sens déterminé et nécessaire.

5. Sur cette notion, cf. *supra* ce qui a été dit de la multiplicité.

double idée de *machine agençant un réel aformel* et donc parfaitement ductile met en exergue une préoccupation deleuzienne que nous connaissons bien : celle de l'absence de toute forme donnée comme garante de la liberté créatrice. Si le monde est une machine, c'est-à-dire un agencement en dernière instance contingent, alors tout, politiquement ou artistiquement, reste possible (car si l'on ne peut modifier librement les structures d'un organisme sous peine de menacer sa survie, on peut par contre manipuler *ad libitum* une machine, repenser sans cesse son agencement selon les désirs ou les besoins du moment…). De plus, remarquons que toute machine est elle-même productrice : elle crée d'autres machines, d'autres produits. Nous disons bien « produits » et non pas « êtres », car ce qu'elle crée, elle le crée dans la contingence de sa propre structure (et du contingent ne peut sortir que du contingent).

En tant *qu'artefact*, produit et producteur, la machine apparaît bien comme l'antithèse de *l'organisme* qui est ou s'impose comme le résultat d'une évolution ancrée dans les lois nécessaires de la nature ou comme la création de Dieu, lui-même nécessaire de par sa perfection même [1]. Deleuze pensant le transcendantal comme aformel, se devait de penser le réel en termes machiniques : toutes les formes instituées ne sont que des agencements fondamentalement contingents et labiles, produits et non donnés *a priori* par Dieu ou la Nature. Tout est machine, et l'Organisme (présenté comme Loi de toute pensée et de toute action) est dès lors une supercherie. On a présenté le « monde des sujets et des objets » comme organique, nécessaire, irréfragable alors qu'il n'était en fin de compte que le

---

1. Dieu, étant parfait par définition, ne pourrait être autrement, et est donc nécessaire. La Création est dès lors l'œuvre d'un Être nécessaire, et peut même, si l'on suit Leibniz, se voir investie d'une nécessité intrinsèque en tant que « meilleur des mondes possibles ».

produit d'une machine métaphysique couplée à une machine de surcodage politique : une machine à produire une illusion d'organisme[1]. Réfléchissant sur la question cruciale du sens (mais il va de soi que cela vaut fondamentalement pour toute forme qui, comme lui, se présente comme donnée nécessaire et non production contingente), Deleuze résume de façon très explicite ce que nous venons d'expliquer[2] : « Le sens est présenté comme Principe, Réservoir, Réserve, Origine. Principe céleste, on dit qu'il est fondamentalement oublié et voilé, principe souterrain, qu'il est profondément raturé, détourné, aliéné. Mais sous la rature comme sous le voile, on nous appelle à retrouver et restaurer le sens, soit dans un Dieu qu'on aurait pas assez compris, soit dans un homme qu'on n'aurait pas assez sondé. Il est donc agréable que résonne aujourd'hui la bonne nouvelle : le sens n'est jamais principe ou origine, il est produit. Il n'est pas à découvrir, à restaurer ni à réemployer, il est à produire par de nouvelles machineries ».

---

1. Remarquons, mais cela va de soi (!), que Deleuze ne nie pas que nous ayons un corps et qu'il existe des lois objectives le régissant. Cependant la façon dont nous appréhendons, dont nous vivons ce corps (notre corps, ce qu'il est *pour nous*), est quelque chose de contingent et de variable avec les époques. C'est la distinction freudienne entre le « Körper » (réalité biologique) et le « Leib » (corps vécu). *Cf.* L. Binswanger, « La conception freudienne de l'homme à la lumière de l'anthropologie », dans *Analyse existentielle et psychanalyse freudienne*, Paris, Gallimard, 1981, p. 201.

2. *L.S.*, p. 98.

Chapitre III

FONDEMENTS

L'analyse qui précède nous a amenés à conclure à une interprétation du statut de la forme en termes de contingence, dans le cadre d'une démarche s'articulant en trois étapes. Il s'agit à présent de dégager les nervures essentielles de ce qui constitue le fondement ou le « socle » de cette attitude. Il ne peut certes être question de procéder à un examen exhaustif des auteurs qui, explicitement ou implicitement, ont influencé l'approche deleuzienne de la forme, mais bien plutôt de tracer quelques pistes et de relever quelques filiations qui nous paraissent particulièrement caractéristiques. Nous ne reviendrons pas sur l'importance de Simondon, dont nous savons qu'il a fondé l'intuition deleuzienne du transcendantal préindividuel. Quant à Foucault, nous en avons éprouvé l'influence quand nous avons envisagé l'appréhension de la forme comme plissement d'un Dehors aformel, mais aussi, pour peu que l'on y injecte un tant soit peu d'essentialisme, comme une stratégie du Pouvoir, et donc comme une instance carcérale. Mais la pensée foucaldienne éclaire également l'hostilité de Gilles Deleuze à l'endroit de la *représentation* : nous savons en effet que Foucault récuse la distance objectivante-maîtrisante que celle-ci distille entre l'homme et le monde. Par ce biais, il rejoint une certaine inspiration *nietzschéenne* : plutôt que de se retirer sans cesse dans les coulisses de la réflexivité et de l'introspection, ne vaudrait-il pas mieux vivre, à même le monde ? Et engendrer des étoiles dansantes, plutôt que de tout perdre dans les marges de l'analyse ? Encore le drame d'Orphée : objectiver, c'est perdre (qui a dit : le mot est le meurtre de la chose ?). Aussi, pour Foucault comme pour Nietzsche, et pour Deleuze à leur suite, la « folie » (la schizo-analyse comme pratique) apparaît-elle comme la vérité de l'homme, l'assomption du sens tragique de l'existence, tandis que la « Raison » (la représentation, l'objectivation) n'en serait, en fin de compte, qu'une frileuse retraite. En d'autres termes, l'alternative se poserait pour nos trois auteurs dans les termes suivants : soit le Grand Rire tragique, intense et immédiat, soit l'incessant travail du doute et de la circonspection, réflexif et médiat… De cette pensée, qui est intrinsèquement nostalgie, désir éperdu de la force, de l'intensité et de l'immédiateté de la vie humaine, l'expression la plus poignante, par sa pudeur et son obliquité même, est sans doute le poème d'Ingeborg Bachman[1], « Erklär mir, Liebe », dont nous ne citons ici que la strophe la plus explicite :

> Erklär mir, Liebe, was ich nicht erklären kann :
> Soll ich die Kurze schauerliche Zeit
> Nur mit Gedanken umgang haben und allein
> Nichts Liebes kennen und nichts Liebes tun ?
> Muss einer denken ? Wird er nicht vermisst ?[2].

Il nous faut en venir à présent à deux auteurs qui ont incontestablement joué un rôle prépondérant dans l'élaboration

---

1. Qui était elle-même une grande lectrice de Nietzsche.
2. *Cf.* « Anrufung des Grossen Bären », *Werke*, I, S, 109.

des conceptions deleuziennes, à savoir Marx et Freud. Que ces deux auteurs constituent une référence constante de Deleuze, voilà qui trouve amplement confirmation dans les textes mêmes : outre *l'Anti-Œdipe* qui fonctionne explicitement autour des thèmes freudiens et marxistes, on en retrouve la marque caractéristique dans *Mille Plateaux*[1], voire même dans la *Logique du sens*[2]. Guattari lui-même n'est-il pas psychanalyste ? Et n'ont-ils pas, Deleuze et lui, reconnu la filiation « gauchiste et soixante-huitarde » de l'entreprise *capitalisme et schizophrénie*[3] ? On pourrait certes argumenter, et remarquer par exemple que celle-ci est plus évidente dans *l'Anti-Œdipe* que dans *Mille Plateaux* : il ne faudrait toutefois pas s'y tromper, car l'idéal de dissolution des instances constituées tel que nous l'avons vu à l'œuvre dans ce dernier ouvrage ne relève pas moins (et peut-être même bien plus profondément) d'un certain idéal gauchiste que les développements de *l'Anti-Œdipe*[4]. Remarquons que les deux dimensions, psychanalytique et marxiste, apparaissent toujours imbriquées comme elles l'étaient d'ailleurs dans le contexte intellectuel de l'époque[5]. Nous allons voir que cette juxtaposition a en l'occurrence des raisons plus profondes.

La relation que Deleuze entretient avec ces deux auteurs apparaît dès le départ comme fondamentalement *ambivalente*,

---

1. *Cf.* note « Un seul ou plusieurs loups ? », p. 38 ; « Comment se faire un corps sans organes ? », p. 188 et 192 ; « micropolitique et segmentarité », p. 253.

2. *Cf.* note « Du schizophrène et de la petite fille », p. 111 ; « De l'oralité », p. 260 ; « De la sexualité », p. 269 etc....

3. *Cf.* « Gilles Deleuze », *l'Arc*, n°49, 1980, p. 50 *in fine* et p. 51.

4. Sur la ligne de fuite comme « production gauchiste » : *cf.* l'interview accordée par Deleuze et Guattari dans *l'Arc* n°49, *op.cit.*, p. 51. Cette interview concerne *l'Anti-Œdipe*, mais s'applique parfaitement à *Mille Plateaux*, qui en est d'ailleurs le tome deux.

5. Révolution sociale et révolution sexuelle allaient souvent de paire.

tout à la fois de fascination et de répulsion, de filiation et de reniement. Pour ce qui est de la psychanalyse, Guattari résume à merveille cette attitude lorsqu'il remarque qu'il y a chez Freud « tout un aspect machinerie, production de désir, unités de production »[1], *mais aussi* « l'autre aspect, une personnification de ces appareils de production (le Surmoi, le Moi, le Ça), une mise en scène de théâtre qui substitue de simples valeurs représentatives aux véritables forces productives de l'inconscient »[2]. On ne peut être plus clair : la psychanalyse est fascinante en ce qu'elle révèle les *machines désirantes*, analyse l'inconscient en termes de production d'énergie[3]. Mais elle est simultanément le paradigme de ce qui est à détruire, en ce qu'elle rabat aussitôt ces forces productives, ces intensités fondamentales, dans les *formes pétrifiantes* des nouvelles instances qu'elle intronise (le Moi, le Surmoi, le Ça, l'Œdipe, etc.). C'est en voyant la psychanalyse révéler des intensités et des productions machiniques, puis aliéner et perdre dans des structures coagulantes ce qu'elle venait de libérer, que Deleuze a conforté[4] son intuition d'un transcendantal aformel et de la contingence des formes. Le Moi, le Surmoi et le Ça ne sont en fin de compte que la conséquence d'un certain manque d'audace de Freud, qui a frileusement recodé les forces qu'il venait pourtant de « décoder ». La psychanalyse sera dès lors d'autant plus décriée qu'elle a frôlé l'affirmation libératrice d'un monde grouillant, intensif, et du caractère machinique de ses mises en formes : « À peine a-t-il découvert le plus grand art de l'inconscient, cet art des multiplicités moléculaires, que

1. Cf. *L'Arc* n°49, *op. cit.*, p. 49.

2. *Ibid.*

3. Le « ça » comme chaudron bouillonnant des pulsions, et l'homme comme machine dont le carburant serait le désir.

4. Conforté, et non pas établi, car cette intuition provient de Simondon et s'exprime déjà dans *D.R.* (1969), qui est antérieure à l'*Anti-Œdipe* (1972).

Freud n'a de cesse de revenir aux unités molaires et retrouver ses thèmes familiers, le père, le pénis, le vagin, la castration, etc. »[1]. Et c'était déjà le même constat qui fondait la critique développée par *l'Anti-Œdipe* : rompre avec la forme despotique et paranoïaque de l'archi-État qui sous-tend la psychanalyse sous les traits d'Œdipe, pour retrouver l'énergie libidinale un instant pressentie par Freud. Deleuze apparaît dès lors comme celui qui a osé accomplir la grande libération freudienne (libidinale). Inversement, Freud lui-même (et toute la psychanalyse) apparaît au contraire comme celui qui savait et n'a pas osé, et donc, tout naturellement, comme le paradigme même de ce qui est à subvertir : une « mise en formes » (une coagulation), d'autant plus coupable qu'elle intervient en quelque sorte *a posteriori*, comme un recul devant la liberté pressentie. De là résulte l'agressivité particulière de Deleuze à son égard, peut-être plus acérée encore du fait qu'il en est en outre incontestablement débiteur…

Pour ce qui est du second fondement envisagé ici, à savoir le marxisme, la relation n'est pas moins ambiguë et l'on peut à cet égard se référer à l'étude de J.-F. Lyotard, « Capitalisme énergumène », parue dans la revue *Critique*[2]. L'auteur y relève en effet que *l'Anti-Œdipe* a (notamment) pour ambition de déceler chez Marx « une inspiration présente et à la fois refoulée »[3] qui n'est autre que celle de *la nature aformelle et intensive du réel pour l'homme*[4]. Que Marx ait eu cette intuition, plusieurs indices peuvent, selon Lyotard, en être apportés : par exemple, le fait que tout objet soit susceptible d'entrer dans le *Capital*, pourvu qu'il puisse s'échanger, de telle sorte

---

1. Cf. *M.P.*, p. 39.
2. Cf. *Critique* n°306, 1972.
3. Cf. *Critique* n°306, p. 934.
4. Pour le sens précis de cette notion, cf. *supra*.

que ce dernier apparaît en dernière instance comme circula-
tion ininterrompue d'objets définis par leur seule valeur
d'échange : « Et ainsi, il n'y a plus qu'un énorme remuement
où les objets apparaissent et disparaissent sans cesse, dos de
dauphins sur la surface de la mer, où leur objectité cède à
leur obsolescence, où *l'important tend à n'être plus l'objet,
concrétion héritée des codes, mais le mouvement métamor-
phique de la fluidité* »[1]. On peut également citer dans le même
sens les développements de Marx concernant la création de
valeurs lorsqu'il précise, comme le rappelle Lyotard, « que les
moyens de production (…) ne fournissent que la matière dans
laquelle la force fluide créatrice de valeur vient se fixer. La
nature de cette matière est donc indifférente, que ce soit coton
ou fer. Indifférente aussi la valeur de cette matière »[2]. Ceci
revient en fait à postuler l'existence d'une matière intensive,
anonyme et préformelle (antérieure à toute spécification dans
une forme). Et Lyotard de conclure dès lors[3] : « Aucun doute,
il y a dans Marx, dans la profondeur de son mouvement, cette
inspiration énergétique ».

Toutefois, à la manière de Freud écrasant les flux
libidinaux dans ses formes despotiques, Marx n'assume pas
non plus jusqu'au bout les conséquences de son intuition, et
*rabat à son tour les flux de matérialité dans des axiomes et
des figures réductrices* (lutte des classes, avènement du socia-
lisme, infrastructures rigides…). L'erreur de Marx comme
celle de Freud est donc de refuser d'assumer la fluidité du
monde (flux du désir, flux de matérialité…) et de réinjecter dès
lors dans celui-ci des formes qui seront posées comme

---

1. *Cf.* Lyotard, *Critique* n°306, *op. cit.*, p. 939. C'est nous qui soulignons.
2. Cf. *Das Kapital*, I, 7 ; Ed. Soc. Ip., 213, cité par Lyotard, *op. cit.*, p. 936.
Lyotard qualifie ce texte de « parfaitement Deleuze-Guattarien ».
3. *Ibid.*, p. 936.

préexistantes et inamissibles. Lyotard synthétise alors comme suit la critique fondamentale de Deleuze à l'égard de Marx : à suivre le grand découpage en infrastructure, et superstructure,

> il faudrait présupposer la totalité organique du social, présupposer et requérir le tout social, découper les structures dans une macro-structure, commencer par le tout, supposer le tout donné, du moins saisissable et analysable. Alors que toute l'affaire est que le tout n'est pas donné, que la société n'est pas une totalité unifiée, mais des déplacements et des métamorphoses d'énergie qui ne cessent de décomposer et de recomposer des sous-ensembles [1].

Cette remarque de Lyotard commentant (ou paraphrasant) Deleuze sert admirablement notre propos : ce que Deleuze reproche à Marx, c'est de considérer les formes (qu'il a réintroduites *a posteriori*) comme données, alors que, comme il l'a par ailleurs très bien pressenti, le réel est fondamentalement aformel et intensif. *C'est en cela que réside la supercherie marxiste et freudienne : présenter leurs structures produites comme originaires, les lester d'un poids d'apophanticité, et nier de ce fait la libre fluidité du monde...* Or, cette démarche ne revient-elle pas à restreindre, voire dès lors à supprimer, la *liberté elle-même* ? Nous pensons en effet que ce qui est fondamentalement en cause dans l'affirmation deleuzienne d'une contingence des formes n'est autre que le problème de la liberté. Fonder (théoriquement) et assurer (pratiquement) la ductilité du réel, n'est-ce pas du même coup établir la liberté humaine ? Puisqu'en deçà de toute structure subsiste une « matière anonyme », il faut en déduire que toute forme est contingente, mais également que toute forme est possible, ce qui explique et fonde le principe essentiel du rhizome, à savoir

1. *Ibid.*, p. 939.

que « n'importe quel point d'un rhizome peut être connecté avec n'importe quel autre point et doit l'être » [1]. Il n'y a que des flux, des particules, des lignes mouvantes ; c'est précisément en ce qu'aucun découpage, aucune essence, aucun sens n'est donné que tout peut être créé. C'est, selon une idée chère à Jean-Paul Sartre, en ce que l'homme n'est rien qu'il peut précisément se faire tout… Il nous incombe dès lors de faire sauter les verrous métaphysiques et politiques de la liberté en brisant le primat des formes et des substances, jusqu'à la dissolution du moi lui-même. Faire table rase des faux dieux, des fausses nécessités, puis produire soi-même ses propres lignes, ses propres heccéités, ses propres devenirs… L'accent nietzschéen de ce projet deleuzien n'est, nous le savons déjà, pas fortuit [2]. Mais le discours de Nietzsche semble en quelque sorte radicalisé : l'obstacle à la volonté n'est plus seulement à rechercher dans les fausses valeurs, mais plus originairement dans toute forme qui se présente comme donnée. Deleuze précise ainsi la « cible » : toute instance, toute structure qui se présente comme préexistante et irréfragable doit être dénoncée au profit de l'affirmation de la ductilité d'un monde de flux et de lignes… « Et comment ne sentirions-nous pas que notre liberté et notre efficacité trouvent leur lieu, non pas dans l'universel divin ni dans la personnalité humaine, mais dans ces singularités qui sont plus les nôtres que nous-mêmes, plus divines que les dieux, animant dans le concret le poème et l'aphorisme, la révolution permanente et l'action partielle ? » [3].

1. Cf. *M.P.*, p. 13.

2. *Cf.* Nietzsche est invoqué dans cette optique d'une manière constante dans *D.R.* Nous pouvons donc dire qu'il intervient à un double propos : à propos de l'idée d'immédiateté (cf. *supra*), et à propos de l'idée de dissolution des pseudo-nécessités formelles.

3. *L.S.*, p. 99.

Deuxième partie

LA FORME DANS L'ESTHÉTIQUE DELEUZIENNE

INTRODUCTION

Nous avons, dans la première partie de cette étude, tenté d'élucider le statut de la forme dans le champ transcendantal et pratique. Il nous est apparu à cette occasion que la primauté était octroyée à l'élémentaire (singularités intensives) sur le constitué, au flux sur la structure, à la ligne sur la forme... Cette démarche, fondée sur le souci de garantir la docilité du monde à la liberté créatrice, s'articulait en trois étapes : la description de la forme comme instance despotique, le projet de sa molécularisation-linéarisation et sa réinjection *a posteriori* à petites doses contrôlables. Nous avons pû constater à l'occasion de cet examen à quel point la problématique de la forme concentrait en elle les nervures essentielles de la pensée deleuzienne. Rien d'étonnant dès lors à ce que l'esthétique (qui n'épuise certes pas la question de la forme mais en est le lieu privilégié) occupe dans l'œuvre de notre auteur une place prépondérante [1]. Aussi s'agit-il pour nous à présent de montrer comment le statut de la forme que nous avons dégagé trouve

1. Écrits expressément consacrés à des questions d'esthétique : – *Présentation de Sacher-Masoch*, Paris, Minuit, 1967 – *Proust et les signes*, Paris, PUF, 1970 – *Kafka, pour une littérature mineure*, Paris, Minuit, 1975 – *L'Image-Mouvement*, Paris, Minuit, 1983 – *L'image-Temps*, Paris, Minuit, 1985 – *Francis Bacon, Logique de la Sensation*, Paris, Éditions de La Différence, 1984 – À quoi il faut ajouter de nombreux passages de *Mille Plateaux*.

son illustration et sa consécration dans les conceptions purement esthétiques de Gilles Deleuze. Une étude exhaustive de
ces dernières exigerait en principe d'aborder les écrits deleuziens dans tous les domaines de l'Art : peinture, littérature,
musique, poésie, cinéma, etc. Nous choisirons toutefois de
nous limiter à deux domaines que nous tenons pour paradig-
matiques en la matière, à savoir la peinture et la musique.

Chapitre premier

L'ESTHÉTIQUE PICTURALE

Le texte essentiel pour aborder les conceptions picturales de Deleuze est celui qu'il a consacré au peintre anglais contemporain Francis Bacon, sous le titre *Francis Bacon, Logique de la Sensation*, mais il faut également tenir compte des nombreuses considérations esthétiques qui émaillent *Mille Plateaux* (essentiellement : « Devenir-animal, devenir-intense, devenir-imperceptible » ; « La ritournelle » ; « Le lisse et le strié »), ainsi que de la lecture du Baroque (et du Néo-Baroque) qui nous est présentée dans *Le Pli*[1].

La pensée de Deleuze en ce domaine comme dans les autres s'articule autour de couples de notions qui font, à première vue, penser à des couples de complémentaires. Nous avons souligné plus haut comment cette démarche, que l'on peut considérer comme bergsonienne dans son principe, n'expose qu'une complémentarité apparente. Peut-on en effet, ainsi que l'établit Jean Paumen, alléguer la complémentarité lorsque la tension propre à cette relation est brisée par l'inde-

---

1. Partie I, chapitre 3 ; partie III, chapitre 9.

xation axiologique inégale des deux termes, l'un recueillant toute la positivité au détriment de l'autre ? Suivant en cela l'argumentation de Jean Paumen, nous ne le pensons pas. Toutefois, quelle que soit la pertinence de cette critique, il n'en reste pas moins que la pensée deleuzienne fonctionne par couples et que c'est par le biais de tels couples que nous tenterons dans un premier temps d'en dégager les axes (aspect statique), avant d'aborder dans un second temps la question du processus pictural (aspect dynamique).

ASPECT STATIQUE

La sensation et le sensationnel

L'étude que Deleuze consacre à Bacon peut trouver son point d'ancrage dans la formule du peintre « J'ai voulu peindre le cri plutôt que l'horreur » [1]. Cette phrase condense en effet l'opposition marquante dans laquelle s'insère son œuvre, puisque sa préoccupation a toujours été de peindre la sensation plutôt que le sensationnel. De quoi s'agit-il ? Commençons par élucider le second terme : *peindre le sensationnel*, c'est, pour Bacon comme pour Deleuze, la « solution de facilité ». C'est représenter l'objet, l'histoire effrayante, le monde, un personnage... Bref, c'est le projet de tout l'art figuratif : rendre le visible, exposer des formes et des relations entre ces formes. Tout art figuratif apparaît donc comme essentiellement *illustratif* et *narratif* : il met en scène des figures, et ces figures sont

---

1. Cité par Deleuze, *F.B.*, p. 29. Remarquons qu'il ne s'agit pas d'étudier ici la peinture de Francis Bacon en tant que telle, mais bien telle que l'appréhende Deleuze. Aussi est-ce sur les opinions de ce dernier que nous nous axerons, ne recourant qu'occasionnellement aux autres commentateurs du peintre.

en rapport mutuel, quelque chose passe et *se* passe, une histoire est racontée (tragique ou joyeuse, réelle ou fantastique...). Or, c'est précisément cet art du sensationnel, qui expose devant nous le théâtre de ses formes, que refuse Bacon et Deleuze à sa suite : le peintre s'y érige en Pythie prétendant dévoiler les tréfonds de l'âme ou de l'être au détour d'un trait, et s'affuble du voile de la fidélité à son monde ou au nôtre pour ne représenter en fin de compte que les découpages faussement nécessaires de l'ordre existant. Triste représentation, où « l'histoire qui se raconte déjà d'une figure à une autre annule dès l'abord les possibilités que la peinture a d'agir par elle-même » [1]. En d'autres termes, peignant l'horreur d'une scène, le peintre rate le cri, il rate le fait proprement pictural. À l'inverse de cet art du sensationnel (peindre l'horreur), Bacon recherche un *art de la sensation* (peindre le cri) qui nous atteigne de plein fouet, nous soulève de l'intérieur, comme une force libérant d'autres forces : chaque trait doit être une « puissance en acte », un appel à la rébellion, un baton de dynamite inséré dans nos veines... Non plus *représenter le monde*, juxtaposer des formes et tisser des histoires, mais *présenter les flux agissant derrière les choses* (la force d'un cri), déchirer les sujets et les objets comme des outres, pour en laisser s'échapper le vent ou le vin de l'intensité... « Présence, présence, c'est le premier mot qui vient devant un tableau de Bacon (...). Partout une présence agit directement sur le système nerveux, et rend impossible la mise en place ou à distance d'une représentation » [2].

Mais *comment* Bacon assure-t-il cette présence ? Comment échappe-t-il à cette médiation, à cette distance que

---

1. *F.B.*, p. 10 ; Francis Bacon, *L'art de l'impossible. Entretiens avec David Sylvester*, Skira, p. 54-55.
2. *F.B.*, p. 36.

creuse la narration entre l'œuvre comme théâtre et le moi comme spectateur? Comment laisse-t-il agir la peinture directement en moi? Deleuze nous répond que le procédé fondamental consiste dans *l'isolement de la figure*[1]. Les tableaux de Bacon présentent en effet une figure (à ne pas confondre, comme nous le verrons, avec une figuration) inscrite dans un espace clos : un rond, une piste, un parallélépipède, un ovale… Cet espace fermé sur lequel se détache un personnage et en lequel il s'isole comme en un champ opératoire a précisément pour but de conjurer le dérapage de l'œuvre dans la narration : « entre deux figures, toujours une histoire se glisse ou tend à se glisser, pour animer l'ensemble illustré. Isoler est donc le moyen le plus simple, nécessaire quoique non suffisant, pour rompre avec la représentation, casser la narration, empêcher l'illustration : s'en tenir au fait »[2]. La piste, qui entoure la figure (qui n'est donc pas figurative mais sera qualifiée de figurale, selon une expression de J.-F. Lyotard[3]) est donc tout le contraire d'une scène : elle la présente, ou la « présentifie », mais en aucun cas ne la re-présente.

Cette hostilité flagrante à la représentation appelle une remarque : ce premier couple (sensation/sensationnel) met en œuvre une opposition dont nous connaissons déjà les tenants et les aboutissants à défaut d'en connaître les arcanes. Il apparaît en effet que *l'art figuratif n'est autre que l'expression esthétique du calque*[4], ou plus fondamentalement, un cas particulier de la représentation (dont l'épure a été présentée ci-dessus). Il reprend effectivement à son compte la triple caractérisation que nous avions dégagée à propos de celle-ci, à savoir : 1) la

1. *F.B.*, p. 9 *sq.*
2. *F.B.*, p. 10.
3. Lyotard, *Discours, Figure*, Paris, Klincksieck, 1971.
4. Cf. *supra*.

distance insérée entre le représentant (le peintre) et le représenté (l'objet peint), par lequel le premier analyse le second pour en retirer les traits caractéristiques, ainsi qu'entre le représenté et le spectateur (qui peut être le peintre lui-même…). Rappelons que cette idée d'une distance trouant la représentation (et manifestée dans ce terme même par le préfixe re-), par opposition à l'immédiateté de la présentation, nous est apparue comme essentielle dans le champ transcendantal (la multiplicité y était caractérisée par « l'immédiateté » de ses dimensions, son caractère plat ou intrinsèque), et se révèlera tout aussi essentielle dans l'esthétique. 2) La *dépendance par rapport aux formes* : représenter, c'est toujours représenter quelque chose dont on prétend dévoiler l'épure (la forme). Par là s'expliquerait le despotisme de la représentation, qui prétend reproduire des formes données alors qu'elle ne reproduit que ses propres découpages contingents. D'où il résulte que l'art figuratif sera à son tour une manifestation « despotique », partageant avec la représentation dont il est l'expression plastique le même caractère dolosif et carcéral. 3) L'aspect *théâtral*, décrit pour la représentation *sensu lato*, se trouve expressément reconnu comme une dimension essentielle de l'art figuratif, puisque celui-ci est précisément désigné comme un art du sensationnel.

Face à la repésentation (le calque), que nous savons à présent s'incarner dans l'art figuratif, était invoqué la *carte ou le rhizome*, dont les caractères sont précisément antithétiques : 1) *aucune distance*, qu'il s'agisse d'un système ou d'un sujet totalisant ses dimensions[1], ne creuse le rhizome (ou multiplicité). De même, aucune distance ne creuse les tableaux baconiens puisque, art de la présence, ils agissent directement

1. Cf. *supra*.

sur notre système nerveux. 2) *L'indépendance du rhizome à l'égard des formes* est totale il est la ligne qui les traverse et les subvertit, traçant ses connexions (ses heccéités) au mépris des formes instituées. Semblablement, les tableaux de Bacon se caractérisent, comme nous le verrons, par le mouvement de déchirement et de déformation qu'ils imposent aux formes. 3) Enfin, *toute dimension théâtrale en est exclue*, puisque leur dessein est la libération des flux les plus intimes et les plus forts, tout spectacle mis à part[1], dès lors que l'art, pour Deleuze, « n'est qu'un instrument pour tracer les lignes de vie »[2]. Il va de soi que nous aurons à revenir sur cette constatation fondamentale, qui nous amène par ailleurs à envisager notre second couple.

Présenter des forces et représenter des formes

L'élucidation de ce second couple, qui ne fait, vous l'aurez compris, que confirmer et expliciter le premier, exige que nous passions en revue les éléments structuraux qui caractérisent les tableaux de Bacon, et ce à travers les différentes périodes qui marquent sa peinture[3]. Ces éléments sont au nombre de trois, auxquels il faudra ajouter un quatrième (le diagramme) lorsque nous envisagerons cette peinture dans son aspect dynamique.

---

1. Dans le même sens, M. Leiris, « Bacon, le hors la loi », *Critique* n°408, 1981, p. 519.

2. *M.P.*, p. 229.

3. David Sylvester, dans ses entretiens avec Francis Bacon, en distingue trois : la première confronte une figure et un aplat vif et dur ; la seconde traite la forme de manière plus floue sur un fond à rideaux ; la troisième réunit ces deux procédés, en utilisant le fond vif mais avec des effets de flou par balayage ou brossage. Deleuze ajoute une quatrième période, où la figure tend à se dissiper pour ne plus laisser qu'une « force sans objet », *F.B.*, p. 24-25.

1) Il y a tout d'abord l'*aplat*, ou la grande surface de couleur vive entourant la piste où se situe la figure[1]. Deleuze souligne que cette zone de couleur a une fonction structurante et spatialisante sans pour autant constituer un fond sur lequel se détacherait une forme[2] : il convient en effet de percevoir les aplats comme étendus non pas sous la figure ou derrière elle, mais bien à côté ou autour d'elle, de manière telle que ces deux éléments soient saisis dans une même *vision proche* : « Si les aplats fonctionnent comme fond, c'est donc en vertu de leur stricte corrélation avec les figures, c'est la corrélation de deux secteurs sur un même plan également proche »[3]. Ainsi donc la *proximité absolue* des différentes dimensions du tableau est-elle affirmée dès l'abord : nulle distance ne s'immisce entre les éléments, nul écart ne se creuse qui dégagerait une quelconque perspective, transformant aussitôt en « monde » ce qui nous est présenté (car, qu'est-ce qu'un monde, si ce n'est des éléments distribués dans l'espace ?).

2) Le second élément est la *figure*, dont nous savons déjà qu'elle ne représente rien, n'est pas figurative mais *figurale*. Nous aurons à expliquer les procédés qui, outre l'isolement, arrachent à la narration les figures baconiennes.

3) Enfin, le rond ou la *piste*, *qui isole* la figure et constitue simultanément la membrane opérant la *connexion* de la figure et de l'aplat sur le même plan proche. La piste apparaît donc comme leur limite commune, ce qui les articule et les met en relation tout en brisant à l'avance l'émergence d'une lecture en termes de fond et de forme, et donc toute dimension narrative[4].

1. *F.B.*, t. II, Fig. 19, 35, 36, 37, 70, 82.

2. *F.B.*, p. 11.

3. *F.B.*, p. 11.

4. Sur le rapport causal implicitement allégué entre la distance forme/fond et la dimension narrative, cf. *infra*.

Ces trois éléments structuraux dégagés par Deleuze sont susceptibles d'une *double lecture*. Ils sont tout d'abord envisagés du point de vue du *double mouvement* qui les anime.

Le *premier mouvement* qui traverse les tableaux de Bacon peut être défini comme *centripète* : c'est celui par lequel l'aplat semble s'enrouler autour du contour et de la figure, qui suivent à leur tour le même mouvement d'enfermement ou d'introversion. L'aplat est donc pris « dans un mouvement par lequel il forme un cylindre ; il s'enroule autour du contour, du lieu ; il enveloppe, il emprisonne la Figure (…). Extrême solitude des figures, extrême enfermement des corps excluant tout spectateur : la Figure ne devient telle que par ce mouvement où elle s'enferme et qui l'enferme »[1]. Le dessein de ce premier mouvement est donc clair : il s'agit *d'isoler la figure*, et ce dans un double sens. En effet, d'une part, celle-ci se voit *isolée de toute autre figure* : quand bien même seraient-elles plusieurs sur la toile, chacune d'elles est fermée sur elle-même ou, ce qui revient au même, fusionnée aux autres pour ne constituer qu'un seul état de fait. Ainsi se trouve brisée, une fois de plus, toute relation narrative entre les figures ou entre la figure et son contexte, dans la mesure où c'est toute relation bilatérale, tout mouvement synallagmatique qui se trouvent niés. Aucune histoire, aucune scène ne peut se dérouler dans le tableau lorsque les éléments ne sont pas pris dans les liens d'un mouvement contradictoire qui les confronte, mais évoluent au contraire « parallèlement », exerçant en quelque sorte leurs efforts dans une même direction « abstraite ». D'autre part, la figure se voit également *isolée de tout spectateur* par ce mouvement d'enfermement « autistique ». Et si la figure semble parfois en attente, cette attente n'est pas celle qui précède

1. *F.B.*, p. 16.

l'action (une scène qu'elle aurait à jouer), mais bien la mise en œuvre d'une force immobile, d'une tension intime, d'une sourde mutation en voie de s'opérer. D'où l'allure «contorsionnée» de ces «attendants», qui apparaissent tordus et chiffonnés par l'effort athlétique qu'ils semblent déployer dans leur ataraxie… Assis ou couchés, dans une attitude qui appellerait en principe la détente, ils apparaissent au contraire bouleversés par une force souterraine qui crispe leurs muscles, boursouflés par le travail insidieux d'une germination en leur propre chair. Il arrive parfois qu'un second type de figures soit inséré dans le tableau, en marge de ces attendants : une foule [1], un portrait ou une photo [2]. Mais il ne faut pas s'y tromper : pas plus qu'elle ne s'adressait à un spectateur extérieur (nous), la figure ne joue cette fois pour un spectateur intérieur au tableau. Aussi cet élément doit-il être regardé comme un simple témoin, un «élément-repère (…) par rapport à quoi s'estime une variation» [3]. Ce n'est donc pas comme un tiers exclu de l'action et distillant en celle-ci l'intervalle de son regard que doit être considéré ce type de figure, mais bien comme la constante par rapport à laquelle se mesure le travail de la force mise en œuvre.

Le *second mouvement*, qui coexiste avec le premier, peut au contraire être défini comme *centrifuge* : cette fois, l'action ne vient plus de l'aplat mais du corps lui-même au milieu du tableau, qui semble vouloir sortir de lui-même pour se fondre à l'aplat. Ce mouvement peut également être défini comme athlétique : c'est une crampe, un spasme qui tord la figure, une force souterraine qui la soulève : « scène hystérique. Toute la série des spasmes chez Bacon est de ce type, amour, vomis-

1. *F.B.*, t. II, Fig. 10, 18.
2. *F.B.*, t. II, Fig. 21, 27.
3. *F.B.*, p. 15.

sement, excrément, toujours le corps qui tente de s'échapper par un de ses organes, pour rejoindre l'aplat, la structure matérielle »[1]. Quel est cette fois le dessein de cet effort? Que veut ce corps qui se contracte ou s'étire, comme pour sortir de lui-même par un trou de vidange[2], un parapluie[3] ou une seringue hypodermique[4]? Rien d'autre que *fuir les formes*, sa forme, pour se dissiper dans l'aformel de l'aplat. Toute l'énergie déployée est un effort athlétique pour déchirer l'enveloppe formelle de la figure en question, et libérer les forces élémentaires qu'elle enserrait et qui se répandent à présent dans l'aplat. *Déformation*: telle est la clé de ce second mouvement. Remarquons que cet effort de déformation met en lumière un nouvel élément de la peinture baconienne: le *point de fuite* par où le corps (la figure) tente de s'engloutir et sur lequel se concentre toute l'énergie de ce mouvement centrifuge. Dans « La figure au lavabo »[5], c'est le trou de vidange du lavabo qui fait fonction de point de fuite. Ce rôle est ailleurs tenu par un parapluie qui semble aspirer la figure[6], voire même par un miroir[7]. Toutefois, ce point de fuite peut tout aussi bien ne pas être localisé: la fuite de la figure hors de ses formes se passera alors de point d'ancrage privilégié et opèrera directement à travers tout le contour. Ainsi, dans l'autoportrait de 1973[8], Deleuze voit-il le travail de fuite immergé dans l'ensemble du tableau. Il n'est plus guère besoin de miroir ou de parapluie pour entraîner la déformation: celle-ci se fait sur place, en un

1. *F.B.*, p. 17, t. II, Fig. 6, 29.
2. *F.B.*, t. II, Fig. 26.
3. *F.B.*, t. II, Fig. 22, 50.
4. *F.B.*, t. II, Fig. 37.
5. *F.B.*, t. II, Fig. 26.
6. *F.B.*, t. II, Fig. 28, 30.
7. *F.B.*, t. II, Fig. 32, 35, 47.
8. *F.B.*, t. II, Fig. 9.

mouvement intense et pourtant statique, comme l'action monstrueuse d'un acide sur une matière plastique.

La clé de la peinture baconienne est, pour Gilles Deleuze, la *dé-formation des corps*. Faut-il encore s'interroger sur les raisons qui sous-tendent cette lecture? Nous ne les connaissons que trop bien: toute forme est une instance carcérale, confinant dans son exiguité rance les forces qui nous peuplent. Et Bacon ne fait que présenter le destin possible de ces forces: il nous appelle à la révolte libératrice, à la constitution d'un corps sans organes tel que l'avait pensé Artaud, au dévoilement de la contingence des formes se nouant et se dénouant sur des flux intensifs. «On peut croire que Bacon rencontre Artaud sur beaucoup de points: la Figure, c'est précisément le corps sans organes (défaire l'organisme au profit du corps, le visage au profit de la tête); le corps sans organes est chair et nerf; une onde le parcourt qui trace en lui des niveaux; la sensation est comme la rencontre de l'onde avec des forces agissant sur le corps; athlétisme affectif, cri-souffle» [1]. C'est donc précisément en ce qu'il met en œuvre des forces qui déchirent l'organisme pour dévoiler le corps sans organes que l'art baconien peut être considéré comme un art de la sensation: il s'adresse et atteint à ce qui, en nous, est le plus essentiel et le plus profond (le CsO).

Notre analyse de ce mouvement de déformation se doit toutefois d'être affinée, car si le corps s'échappe de sa forme pour rejoindre l'aplat, cette opération ne s'effectue pas, si l'on peut dire, «d'un seul coup»: Deleuze semble en effet considérer que l'on peut relever chez Bacon une sorte «d'état intermédiaire» entre le corps organisé et l'aplat dans lequel il tend à se dissiper. Cet état n'est autre que l'étape du devenir

---

1. *F.B.*, p. 33-34.

animal, que nous avons précédemment examinée dans son application «existentielle». Ce que Bacon nous présente en effet n'est pas plus l'état originellement formé du corps (l'organisme dans son intégrité) que les forces à l'état brut, mais bien plutôt *un état intermédiaire où le corps est en proie à la déformation*, boursouflé par les forces qui sont *sur le point* de s'échapper mais sont encore tenues en lui : un devenir en acte, le devenir-animal de l'homme, quand sa chair devient viande, en route vers l'imperceptible.

> La tête-viande, c'est un devenir-animal de l'homme et dans ce devenir, tout le corps tend à s'échapper, et la Figure tend à rejoindre la structure matérielle (…). Pourtant elle ne se dissout pas encore dans la structure matérielle, elle n'a pas encore rejoint l'aplat pour s'y dissiper vraiment, (…) se confondre avec une texture moléculaire. Il faudra aller jusque là, afin que règne une justice qui ne sera plus que Couleur ou Lumière, un espace qui ne sera plus que Sahara. C'est dire que, quelle que soit son importance, ce devenir-animal n'est qu'une étape vers un devenir imperceptible plus profond où la Figure disparaît [1].

Analysés sous l'angle du double mouvement qu'ils réalisent, les trois éléments structuraux présents dans les tableaux de Bacon fonctionnent d'une manière qui peut être récapitulée comme suit : un premier mouvement part de la structure matérielle (l'aplat) pour s'enrouler autour de la piste et de la figure, assurant ainsi son parfait isolement, avec pour double conséquence de briser tout effet narratif et tout intervalle théâtral (la figure est fermée aux spectateurs potentiels). Un second mouvement prend simultanément sa source au cœur de la figure, et tire celle-ci vers l'aplat afin qu'elle s'y dissipe, par l'entremise d'un devenir-viande de sa chair. Pour schématiser

---

1. *F.B.*, p. 23.

plus encore ce double mouvement, nous dirons que la figure est isolée, « cadrée » extraite de toute représentation et montrée dans sa présence pure, en même temps que sont rendues visibles les forces qui la travaillent et tentent de se libérer des formes pour atteindre l'aplat, qui n'est autre que le moléculaire envisagé plus haut (le grouillement des singularités intensives préindividuelles). De cette analyse, nous pouvons d'ores et déjà dégager plusieurs idées directrices :

1) Nous constatons tout d'abord que l'indexation négative frappant la notion de forme dans le champ transcendantal et pratique se trouve confirmée dans le domaine esthétique : il s'agit en effet de briser, par le premier mouvement, toute figuration, c'est-à-dire toute représentation (qui est toujours représentation de quelque chose, d'une forme posée comme donnée). Cette assomption de l'aformel se voit confirmée par le second mouvement, qui se présente expressément comme dé-formant et révélateur de la nature intensive du monde (les forces tapies sous les choses). Remarquons que ce mouvement de déformation ne peut être confondu avec un mouvement de transformation (ou de métamorphose) : ce dernier suppose en effet, comme l'indique le préfixe *trans-*, le passage d'une forme à une autre forme, un voyage qui aurait les formes pour lieu et pour destin. Or, la déformation deleuze-baconienne se définit au contraire comme une *opération statique de dissolution de toute forme*, sans réserve ni retour, au profit de l'aformel grouillant et intensif des forces élémentaires… Non pas une métamorphose, donc, mais en quelque sorte une « catamorphose », surfusion des structures et germination inouïe qui travaille chaque corps, rendant monstrueuses et dérisoires ses propres formes et les formes du monde.

2) À ces idées de forces et d'aformel s'ajoute celle de *Présence* ou de proximité : nous avons vu Deleuze insister sur

l'insertion de ces trois éléments en *un même plan également proche*, à percevoir par une même *vision rapprochée* (qui se révèlera plus loin être une vision haptique), et souligner *l'action directe* de la peinture figurale sur le système nerveux. Cette peinture est donc une peinture « plate », toute en surface, aucune distance ne la troue et aucun intervalle ne se creuse entre elle et nous. Cette valeur octroyée à la proximité de la surface et de la ligne, à rebours de toute perspective insérant une profondeur, ne nous est pas inconnue : nous en avons éprouvé l'importance lors de l'examen du statut de la forme dans le champ transcendantal [1].

Venons-en à présent à la *seconde lecture* dont sont susceptibles les trois éléments structuraux de la peinture baconienne. Il s'agit cette fois d'envisager la façon dont ils mettent en œuvre la *couleur*, celle-ci étant par ailleurs présentée comme leur point de convergence ultime : Deleuze souligne en effet que ces trois éléments « convergent vers la couleur, dans la couleur. Et c'est la modulation, c'est-à-dire les rapports de la couleur, qui expliquent à la fois l'unité de l'ensemble, la répartition de chaque élément et la manière dont chacun agit dans les autres » [2]. Il apparaît donc dès à présent que la couleur jouera dans l'esthétique un rôle de premier plan. Nous nous proposons dès lors d'examiner comment elle est mise en œuvre au travers des trois éléments considérés :

1) L'aplat se présente comme une *grande plage de couleur vive*, travaillée par des *variations internes d'intensité ou de*

---

1. Sur le thème de la présence chez Francis Bacon, *cf.* dans le même sens, M. Leiris, *op. cit.* ; Enza Trucchi, « Dix paragraphes sur Francis Bacon », *L'Arc* n°73, 1978, sur Francis Bacon. Les participants à ce numéro spécial confirment dans l'ensemble les grands axes de l'analyse deleuzienne (présence, sensation, déformation).

2. *F.B.*, p. 93.

saturation[1]. Ces variations peuvent être produites de trois manières : soit elles résultent de la juxtaposition franche de couleurs différentes[2], soit l'aplat est monochrome mais cette couleur unique est sujette à des modulations (par exemple, le beige tire vers le jaune et bleuit par endroits[3]) qui sont renforcées par la présence d'un ruban de couleur tranchée (noir sur beige[4], violet sur orange[5], noir sur orange[6]), soit encore l'aplat se trouve limité et ramené sur lui-même par un grand contour curviligne d'une couleur distincte[7]. Ces trois procédés se justifient donc par les rapports d'intensité (les différences d'énergie potentielle) qu'ils suscitent dans l'armature, évitant ainsi que cette dernière ne dégénère en un inerte « faire valoir » des figures. Nous remarquerons que ce qui est nié par cette dynamisation chromatique de l'aplat n'est autre que le *rapport de la forme et du fond*. Alors que dans ce dernier la forme occupe une position active à l'avant-plan d'un fond considéré comme plus ou moins passif sous le rapport de l'action représentée, chaque élément se voit ici conférer une dynamique et une intensité équivalente ; l'aplat est animé d'un mouvement d'enveloppement et est sujet à des variations chromatiques, de la même manière que la figure se caractérise par un certain type de mouvement (le spasme) et une certaine mise en œuvre de la couleur que nous aurons à envisager. À cette première différence qui oppose le modèle pictural baconien au modèle représentatif (distinguant forme et fond) s'en ajoute aussitôt

1. *Cf.* annexe n°2, 3.
2. *F.B.*, t. II, Fig. 30, 34, 37, 45.
3. *F.B.*, t. II, Fig. 14.
4. *F.B.*, t. II, Fig. 14.
5. *F.B.*, t. II, Fig. 10.
6. *F.B.*, t. II, Fig. 60.
7. *F.B.*, t. II, Fig. 53, 56.

une seconde, puisque se voit simultanément niée la distance creusée au sein d'une œuvre par le ciselage des formes. À l'égalité établie sous le rapport de l'activité s'ajoute en effet une égale proximité spatiale :

> Nul rapport de Profondeur ou d'éloignement, nulle incertitude des lumières ou des ombres, quand on passe de la figure aux aplats. Même l'ombre, même le noir n'est pas sombre. Si les aplats fonctionnent comme un fond, c'est donc en vertu de leur stricte corrélation avec les figures, c'est la corrélation de deux structures sur un même plan également proche [1].

Ainsi retrouvons-nous à l'œuvre le souci fondamental de la présence : la couleur ne détermine aucune profondeur par le jeu du clair-obscur, mais manifeste seulement les flux et les intensités qui traversent des éléments structuraux concentriquement juxtaposés.

2) Le traitement chromatique de la figure s'oppose à celui de l'armature d'un triple point de vue : d'une part, la figure est traitée avec des *coulées de tons rompus qui* s'opposent aux plages de couleurs vives et entières de l'aplat. D'autre part, la couleur de la figure se présente comme *empâtée*, plus charnelle ou consistante que l'armature mince et dure. Enfin, la figure est généralement *polychrome*, par opposition à l'aplat le plus souvent monochrome. Deleuze interprète cet état de fait d'une double manière : d'une part, la plage de l'aplat évoque « une sorte d'éternité comme forme du temps » [2], tandis que la coulée de la figure évoque « les variations millimétriques du corps comme contenu du temps » [3]. D'autre part, le traitement de la figure par tons rompus où dominent le bleu et le rouge

---

1. *F.B.*, p. 11.
2. *F.B.*, p. 96.
3. *Ibid.*

marque l'affinité du corps et de la viande : rappelons-nous que la figure est prise dans un devenir-imperceptible dont le premier stade est un devenir-animal, que les coulées rouges et bleues ont précisément pour but de rendre visible : « Chaque ton rompu indique l'exercice immédiat d'une force sur la zone correspondante du corps ou de la tête, il rend immédiatement visible une force »[1].

3) Reste à voir comment le troisième élément, à savoir le contour, met en jeu la couleur : nous dirons brièvement que la nappe colorée qui cerne la figure assure simplement la *transition d'un régime de couleur à un autre*. Le traitement chromatique de cet élément confirme ce que nous savions déjà à son propos, à savoir son rôle de membrane, de filtre, d'intermédiaire nécessaire au bon fonctionnement de l'ensemble.

Cette double lecture des trois éléments structuraux de l'œuvre de Bacon s'est révélée riche d'enseignements quant à l'éclairement de l'esthétique deleuzienne. Il nous est apparu en effet que les idées de présence et de forces en constituaient les axes déterminants : l'idée de *présence* (ou de présentation, par opposition à la représentation) a été dégagée dans l'exposé relatif au double mouvement qui anime les tableaux baconiens. Elle apparaît confirmée dans l'examen du chromatisme par l'utilisation de la couleur comme *vecteur d'intensité*, à l'exclusion de tout clair-obscur constitutif de profondeur. Cette idée fondamentale, Deleuze la résume comme suit : « La peinture se propose directement de dégager les présences sous la représentation, par-delà la représentation. Le système des couleurs lui-même est un système d'action sur le système nerveux »[2]. Déformation, libération des lignes et des couleurs,

1. *Ibid.*
2. *F.B.*, p. 37.

tout cela recèle en fin de compte une double immédiateté : *immédiateté de l'œuvre à elle-même* en ce que l'œuvre n'est creusée d'aucune ambition représentative (pas de spectateur intérieur au tableau, pas d'intervalle séparant une forme d'un fond, pas de profondeur chromatique) ; *immédiateté de l'œuvre à nos sens*, puisque les forces présentées sont censées influer directement sur notre système nerveux. Nous pressentons ici une sorte d'idéal de *fusion* : fusion de l'œil et du tableau, fusion des éléments par l'entremise de la couleur, fusion de la figure et de l'aplat... Remarquons que cette fusion dissolvante, qui tire toute forme vers l'élémentaire, ne nous est pas inconnue : nous connaissons les antécédents transcendantaux et pratiques d'une telle molécularisation.

Sitôt que surgit cette idée de présence, surgit à son tour ce qui apparaît bien comme son *complémentaire*, selon les critères de la complémentarité dégagés par Jean Paumen et envisagés plus haut, à savoir l'idée de *forces*. Ce que tente la peinture de Bacon n'est autre en effet, selon la lecture qu'en donne Deleuze, qu'une *libération ou* une « *présentification* » *des forces enserrées dans les formes* (en l'occurrence, les formes organiques). D'où le spasme des figures, le devenir-viande de ces chairs rouges et bleues qui se perdent dans un devenir-imperceptible, et la mise en exergue du concept de déformation. Cette *prééminence de la force sur la forme* aura en outre une conséquence dérivée qui se révèlera capitale : si l'intensité est origine (transcendantale) et destin (pratique et esthétique), ultime dimension de liberté à investir, il n'est pas que la forme à se voir dès lors secondarisée, mais *la ligne elle-même*, dont nous avions pourtant éprouvé l'assomption par le modèle rhizomatique ou linéaire, se voit à son tour détrônée au profit de la seule *couleur*. Parlant de la colorisation du contour, Deleuze nous présente cette vérité fondamentale : « La couleur pourtant n'est qu'en apparence subordonnée à la ligne (…). C'est donc la couleur encore qui fait ligne et contour »[1], et il ajoute quelques lignes plus bas que la vision haptique, dont nous envisagerons plus loin les arcanes et l'importance de premier plan, « c'est précisément ce sens des couleurs. Ce sens, ou cette vision, concerne d'autant plus la totalité que les trois éléments de la peinture, armature, figure et contour, communiquent et convergent dans la couleur »[2]. L'esthétique deleuzienne semble donc dégager un triple niveau de « perfection » (ou d'efficacité) dans la démarche picturale : la *forme* (ou représentation), la *ligne* (spasme, effort, devenir-animal traçant ses lignes de fuite sur l'organisme mutilé) et la *couleur pure* (intensité libre et fondatrice, force à l'état brut, exempte de toute contrainte, fût-ce la contrainte minimale d'une ligne). Cette révélation de la subordination de la ligne à la couleur confirme en fin de compte ce que nous avions établi au plan transcendantal, à savoir la secondarité de la multiplicité (ou rhizome) par rapport au grouillement aformel pur des singularités intensives. La cohérence du système deleuzien se confirme donc sans coup férir, jusque dans les analyses esthétiques apparemment les plus ponctuelles…

Avant de quitter ce couple fondamental, qui s'est révélé à nous comme l'opposition foncière de deux couples de complémentaires (représentation/forme et présentation/forces), il nous faut encore montrer que si Deleuze fait de Bacon l'expression sans doute la plus « accomplie » de ses conceptions esthétiques, et dès lors le point d'ancrage de ses réflexions, il ne lui confère pas pour autant, loin s'en faut, le monopole de l'acuité picturale : parmi les peintres qui se

1. *F.B.*, p. 96.
2. *F.B.*, p. 97.

partagent les faveurs de notre auteur[1], une place particulière est reconnue à *Cézanne*, qui est présenté comme le prédécesseur le plus « éclairé » de Francis Bacon. Les points de convergence fondamentaux entre les deux peintres peuvent être résumés comme suit :

1) Le premier point réside dans la voie choisie pour éviter la figuration et la perfection obtenue dans cette voie. Il y a deux manières, nous dit Deleuze, de dépasser la figuration en peinture[2] : ou bien la forme abstraite, qui s'adresse directement au cerveau[3], ou bien la Figure (le figural), qui s'adresse directement aux sens (c'est-à-dire au système nerveux). Cette *voie de la sensation*, Cézanne lui a donné « un statut sans précédent »[4], dans la mesure où il a concrétisé l'ambition de peindre « le corps non pas en tant qu'il est représenté comme un objet, mais en tant qu'il est vécu comme éprouvant telle sensation »[5]. Ainsi, lorsqu'il peint une pomme, ce n'est pas l'objet-pomme qu'il représente (fût-il donné à voir dans la lumière qui le façonne), mais bien plutôt « l'événement » dont son corps de pomme est le lieu, la force qui le pétrit, « l'être pomme de la pomme »[6]. En d'autres termes, il s'agit, pour Cézanne comme pour Bacon, de *présenter les forces élémentaires qui sont à l'œuvre dans un corps*[7], *de les libérer de telle*

---

1. Van Gogh, Millet, Klee.

2. *F.B.*, p. 27.

3. Nous verrons plus loin les griefs que Deleuze formule à son encontre.

4. *F.B.*, p. 27. Dans le même sens Maldiney, *Regards, Parole, Espace*, Paris, L'âge d'Homme, p. 136 ; M. Le Bot, « La mort de l'art », *Revue d'Esthétique* n° 1/2, 1976 ; « Peindre », n° 10/18, p. 215 ; M. Loreau, « La couleur et son espace propre », dans *La part de l'œil*, Bruxelles, 1988, p. 31.

5. *F.B.*, p. 27.

6. D.H. Lawrence, *Eros et les chiens*, cité par Deleuze, *F.B.*, p. 27.

7. Cependant Bacon « dépassera » Cézanne, pour Deleuze, dans cette présentation, car il remplacera la profondeur forte de ce dernier par sa profondeur

*sorte qu'elles nous atteignent de plein fouet et résonnent en
nous* : « À la fois je deviens dans la sensation et quelque chose
arrive par la sensation, l'un par l'autre, l'un dans l'autre (…).
Moi spectateur, je n'éprouve la sensation qu'en entrant dans le
tableau, en accédant à l'unité du sentant et du senti »[1]. Nous
retrouvons donc ici les préoccupations baconiennes telles que
nous les présentait Deleuze : peindre est une entreprise de déformation colorée, de fusion, de pétrissage du monde pour en
révéler la fluidité intime, la primauté des flux sur leurs concrétions éphémères… Que Cézanne rejoigne Deleuze dans une
telle conception de la peinture comme dévoilement, présentification, de l'essence aformelle et intensive du monde, un
autre analyste de ce peintre semble le confirmer avec éclat[2] :
commençant par citer Cézanne lui-même (« Je veux peindre la
virginité du monde, ces sensations confuses que nous appor-
tons en naissant (…). Un tableau ne représente rien, ne doit
rien représenter d'abord que des couleurs, (…) il n'y a plus que
des couleurs et en elles de la clarté… Tous plus ou moins, êtres
et choses, nous ne sommes qu'un peu de chaleur solaire
emmagasinée, organisée, un souvenir de soleil… »), l'auteur
conclut :

> L'invocation à la virginité du monde, c'est donc la conception
> de la toile peinte comme *produit d'abord informel d'une éner-
> gie colorée,* d'une chaleur ou d'un rayonnement de couleurs,
> non comme signe et représentation d'une prétendue objectivité
> déjà vue du visible. C'est quelque chose comme le désir de ce
> vide ou de ce plein d'un blanc éternel, d'une clarté chargée de
> toutes les couleurs : le désir d'un fond sans fond – de fonds sans

maigre, accentuant ainsi la dimension intensive et immédiate de l'œuvre. Cf.
F.B., p. 77.

1. *F.B.*, p. 27.
2. M. Le Bot, « La mort de l'art », *op. cit.*, p. 215.

figures ou de figures sans fonds, dirait le vocabulaire technique des peintres – le savoir d'une préobjectivité ou *d'un univers purement énergétique, sans limites ni formes déjà instituées* [1].

Ce commentaire de Cézanne pourrait sans peine être issu de la plume de Deleuze et s'appliquer tel quel à Francis Bacon selon la lecture qu'en donne ce dernier.

2) Le second point qui rapproche les deux peintres est incontestablement le *statut conféré à la couleur*. Nous avons vu le rôle de premier plan que tenait le traitement chromatique des éléments structuraux dans la peinture baconienne : il constitue leur point de convergence et le vecteur fondamental des variations d'intensité qui les animait. Tout mouvement était d'abord mouvement dans et par la couleur : c'est par elle que l'aplat se distinguait d'un fond inerte, et c'est par elle que se manifestait le devenir-viande de la figure. Et lorsque nous regardons une œuvre de Bacon, c'est tout d'abord la disposition des masses colorées, le traitement conflictuel des couleurs, traitées comme une matière, une texture que l'on croirait palper du regard, c'est tout cela qui nous frappe, bien avant de distinguer un quelconque contour ou le travail sinueux d'une ligne. En d'autres termes, c'est une sensation de couleur, une impression (au sens littéral du terme) de matière colorée qui s'impose à nous. Or, n'est-ce pas en termes de « sensations colorantes » [2] que Cézanne lui-même définissait l'essence (le but et le fondement) de son travail de peintre ? « Un tableau ne représente rien, ne doit rien représenter d'abord que des couleurs » [3]. Et Max Loreau, qui a consacré un article à cette

---

1. M. Le Bot, « La mort de l'art », *op. cit.*, p. 222.
2. *Correspondance*, p. 305, 308, 315, 318, cité par M. Loreau, *op. cit.*, p. 32.
3. Cézanne, cité par M. Le Bot, *op.cit.*

question précise [1], entame ce dernier par cette affirmation explicite : « Cézanne est le premier à avoir exigé que la couleur soit la peinture entière – non seulement dessin, mais aussi espace – et à avoir fait finalement de cette exigence l'objet même, le cœur de son propre travail de peintre ».

3) Le troisième point de convergence, étroitement lié aux deux premiers, réside dans la notion de *rythme*, que nos deux peintres atteindraient au-delà même de la sensation. De quoi s'agit-il ? La *Logique de la sensation* définit brièvement le rythme comme une *puissance vitale* qui déborde et traverse tous les domaines sensitifs [2]. Il apparaît ainsi comme une sorte de *force première originelle*, voire de « transcendantal » de toute sensation. En axant leur peinture sur cette dernière, les deux peintres dévoileraient le rythme au cœur de celle-ci, donnant du même coup une *multisensivité* à la figure peinte, puisque, voyant « l'objet » (par exemple, une pomme), nous accédons simultanément à son rythme vital et nous le palpons dès lors de tous nos sens. Cette notion de rythme qui, dans la *Logique de la sensation* tient une place restreinte quoique récurrente [3], est empruntée à Maldiney auquel Deleuze nous renvoie d'ailleurs expressément [4]. Cet auteur nous en donne la définition suivante : « Le rythme d'une forme est l'articulation de son temps impliqué » [5]. La clef de cette définition réside dans le concept d'articulation : le rythme est avant tout un milieu, une *zone de connexion*, une membrane. Son essence est

1. M. Loreau, *op. cit.*
2. *F.B.*, p. 31.
3. On retrouve la notion de rythme dans *M.P.*, note, p. 385, où il est défini comme « milieu », « entre-deux » inégal et incommensurable, point de contact mobile entre les évènements…
4. *F.B.*, p. 27 et 31.
5. H. Maldiney, *Regard, parole, espace, op. cit.*, p. 160.

d'articuler. Mais articuler quoi? Le sentant et le senti, c'est-à-dire les sens de l'homme et l'œuvre qui lui est manifestée. Le rythme apparaît donc comme une sorte d'instant critique ou de pointe mobile, à l'intersection idéale de la sensation (côté sujet) et de la force (côté objet). Les éléments fondateurs du rythme ne seront dès lors pas plus des phénomènes matériels que des vécus de conscience, puisque celui-ci se joue tout entier dans ce « no-man's land » essentiel qu'est le point de contact de notre être avec le monde. Ni objectif, ni subjectif, le rythme apparaît ainsi comme un *entre-deux* dont le statut ambigu et fugace nous indique son appartenance au champ transcendantal plutôt qu'à celui de l'effectivité, ce que confirmera la temporalité qui lui est octroyée et qui n'est autre que *l'aion* deleuzien (le temps propre au rythme est en effet le présent intemporel de l'infinitif[1]). Afin de mieux nous faire comprendre les arcanes de cette notion, Maldiney nous en propose deux illustrations. La première est empruntée à l'esthétique chinoise[2]. L'auteur cité (Sie Ho) mentionne deux principes fondamentaux qui s'imposent à tout artiste, et que Maldiney synthétise comme suit : « 1) refléter le souffle vital, c'est-à-dire créer le mouvement; 2) rechercher l'ossature, c'est-à-dire savoir utiliser son pinceau ». Le premier principe, nous explique Maldiney, fait intervenir le souffle vital « qui unit toutes choses, de l'intérieur même de leur respiration, dans la conspiration du souffle unique et universel »[3]. Le second principe met au contraire en cause la singularité de la forme à peindre : c'est le mouvement de singularisation opéré par le pinceau, par opposition au mouvement d'universalisation résultant du souffle vital. L'enseignement de cet

1. Maldiney, *op. cit.*, p. 162.
2. Maldiney, *op. cit.*, p. 166.
3. *Ibid.*

exemple est le suivant : l'essence de l'art est de rendre visible, de « *présentifier* » *la connexion du cosmique et du ponctuel, qui n'est autre que le rythme*. Par la figure qu'il trace, par les couleurs qu'il appose, le peintre nous manifeste le souffle du monde, il distille en nous les forces qui le traversent et traversent toutes choses...

La seconde illustration est prise chez Cézanne lui-même :

> Les véritables unités picturales, dans un tableau de Cézanne, ne sont pas des éléments, ce sont des événements. Et ces événements sont des rencontres : rencontre de deux couleurs, de deux lumières, d'une lumière et d'une ombre. Ces événements à la fois picturaux et cosmiques sont les éléments d'articulation de la peinture cézannienne et pour ainsi dire ses phonèmes (...). Un tel élan ne se soutient que du rythme [1].

L'acuité de Cézanne réside donc en ceci que, mieux peut-être que quiconque avant lui, il a su exhiber le rythme des choses, *opérer sur la toile la fusion salvatrice de l'œil et de la force*. Nous comprenons mieux à présent pourquoi Deleuze, dans sa lecture de Bacon et sa référence à Cézanne, nous renvoie au rythme tel que l'expose Maldiney : nonobstant les différences fondamentales qui opposent les deux auteurs [2], Deleuze trouve chez Maldiney une expression subtile de l'art comme point de fusion de l'âme et du monde, et une certaine conception de la peinture comme entreprise de « présentification » particulière des forces cosmiques (le souffle vital).

4) Enfin, le quatrième point de convergence entre nos deux peintres réside dans le *processus pictural* et l'expérience dramatique qu'ils y côtoient (« catastrophe » cézannienne et « diagramme » baconien). Nous aborderons cette question

---

1. Maldiney, *op. cit.*, p. 169.
2. Notamment sur le statut de la forme. *Cf.* Maldiney, *op. cit.*, p. 153.

lorsque nous envisagerons le processus pictural tel que l'analyse Deleuze.

Art haptique et art optique

Par ce troisième couple, nous quittons le commentaire particulier de Bacon pour aborder des considérations esthétiques plus générales. Deleuze distingue en effet deux grandes voies dans l'art plastique occidental : la première, qui a toute sa faveur, est définie comme l'expression d'une « vision rapprochée » ou d'un « *espace haptique* »[1]. Ces termes sont empruntés à Aloïs Riegl[2], vraisemblablement par l'entremise de deux références notoires de Deleuze en esthétique, à savoir Worringer et Maldiney[3]. La seconde voie, qui sera considérée de manière plus ou moins implicite comme « fourvoiement » est désignée par les termes de « vision éloignée » ou « *espace optique* ».

Le courant *haptique* se distingue du courant optique par trois traits fondamentaux que nous allons à présent examiner.

1) La première caractéristique de la présentation haptique réside dans sa dimension de *proximité*. Haptique provient en effet du grec aptô, qui signifie *toucher* et désigne de ce fait une certaine possibilité du regard consistant à tâter l'objet, à le palper simultanément de tous ses sens… Cette proximité haptique se manifeste d'une double façon, tout à la fois en amont et en aval de la création. Elle se manifeste tout d'abord *en amont*, en ce que l'art haptique implique une certaine façon de procéder : « On peut se reculer de la chose, mais ce n'est pas

---

1. *M.P.*, p. 614 *sq.* ; *F.B.*, chap. 14, 15, 17. Haptique vient du grec *aptô* qui signifie *toucher.*

2. *Spatrömische Kunstindustrie*, 1901, 2ᵉ éd., Vienne, 1927.

3. Maldiney, *op. cit.*, p. 144.

un bon peintre, celui qui se recule du tableau qu'il est en train de faire. Et même la « chose » : Cézanne parlait de la nécessité de ne plus voir le champ de blé, d'en être trop proche, « se perdre sans repère, en espace lisse ». Il s'agit donc, pour l'artiste, d'établir une proximité immédiate, une *intime fusion avec ce qu'il peint* : le créateur doit se fondre aux éléments, s'immiscer au cœur des flux qu'il entend nous présenter sur sa toile.

Mais si la proximité se trouve en amont de la création, dans l'acte même de peindre, elle se trouve également *au cœur même de la peinture*, en ce que l'œuvre haptique se caractérise par le fait qu'elle ne distingue pas la forme du fond, pas plus qu'elle ne creuse entre ses figures l'intervalle d'une relation dialogique. Considérons ce double aspect : la présence immanente à l'art haptique implique la *négation du rapport traditionnel de la forme et du fond*, ainsi que de toute dimension narrative. Que ce dernier rapport établisse une distance à l'intérieur du tableau, voilà qui ne fait guère de doute[1] : la forme, point d'ancrage premier du regard, se détache sur ce qui est perçu comme un *arrière-plan*, et s'institue alors entre ces deux éléments ce qui peut être vu comme une structure *dialogique* : se mouvant sur le fond, la forme définit nécessairement avec ce dernier certaines relations qui sont les termes du dialogue qu'elle entretient avec lui. Se tracent alors inévitablement dans le tableau des chemins de perception et de signifiance qui emportent le regard : ainsi, si vous regardez le tableau de Fragonard, « Les hasards heureux de l'escarpolette »[2], votre œil suivra malgré tout, à tout le moins dans un premier temps, un chemin déterminé ; vous percevrez d'abord la jeune fille sur l'escarpolette, puis, de là, vous passerez au plan rapproché sur

---

1. Nous avons envisagé cette question plus haut.
2. Huile sur toile. Londres, Wallace Collection.

lequel elle se détache (et qui comporte un homme caché et un autre qui la pousse). Vous percevrez ensuite l'arrière-plan, sur lequel se détache à son tour cet espace médian servant de « contour » au sujet principal. Fragonard, d'ailleurs, ne l'a-t-il pas voulu ainsi ? Il a son petit préféré dans le tableau, son point d'ancrage plus ou moins explicite et puis des focalisations secondaires, tout un monde, une polyphonie de plans qui se superposent et s'interpénètrent. Et votre œil, dans un premier temps, suit le chemin que creusent les distances, celles-ci créant en outre, comme nous l'avons vu plus haut, des rapports dialogiques entre les éléments. Car si les intervalles séparent, ils établissent aussi de ce fait même des relations entre ce qu'ils distinguent : ainsi, « le vieux pont de Heidelberg auquel songe le Heidegger de *Bâtir, habiter et penser* installe un espace, il fait se rejoindre des rives qui, sans lui, ne seraient pas rives du même fleuve »[1]. Or c'est précisément tout cela, ces chemins pour l'œil, ces intervalles et ces confrontations, ces formes et ces signifiances, que refuse l'art haptique selon Deleuze : *tout ce qui, d'une manière ou d'une autre, quadrille le senti et emprisonne le sentant.* Tout ce qui, dès lors, constitue une barrière, un *obstacle* entre ceux-ci. En d'autres termes, la perspective insérée dans le tableau et y traçant des chemins de signifiance, crée de ce fait même une seconde distance, qui n'est autre que la double distance caractéristique de la représentation : entre le représentant (le peintre), le « spectateur » et le représenté (le tableau comme représentation), puisque les deux premiers ne peuvent accéder au troisième qu'au travers de la « pellicule de sens » qui résulte précisément de la présence de ces chemins de signifiance engendrés par la perspective. Admettre la profondeur (la perspective, comme

---

1. D. Charles, « Musique présente », *Revue d'Esthétique* n°4, 1982, p. 5.

profondeur organisée), c'est donc admettre que des relations (narratives/représentatives) s'instaurent dans l'œuvre et donc imposer un « sciage » immanent au senti qui s'interpose entre lui et le sentant au détriment de toute fusion. D'où il résulte que la peinture baconienne, qui constitue pour Deleuze l'expression la plus accomplie de la sensibilité haptique, juxtaposera (pour pallier cet effet de la profondeur) sur un même plan également proche les trois éléments structuraux qui la composent.

2) De ce qui précède, nous pouvons déduire ce qui constitue la seconde caractéristique de l'espace haptique, à savoir qu'il est essentiellement *aformel*, sans repère fixe et sans chemin. L'espace haptique ne contient ni formes, ni sujets mais se peuple de forces et de flux, constituant un espace fluide, mouvant, sans points fixes, sans empreinte qui ne soit éphémère : comme le Sahara, ou le sourire infini des vagues… La variation continue de ses orientations, repères et connexions est une caractéristique essentielle de l'espace haptique [1]. Picturalement, cela signifie la fusion possible de l'œil et du tableau puisqu'aucun langage, aucun système de signes ou de formes instituées (et dès lors, aucune tentative d'interprétation) ne vient s'immiscer entre eux. Il exige dès lors du peintre une ascèse particulière : ne pas imposer de direction péremptoire, de contours nécessaires, de narration implicite, mais bien se focaliser sur le travail souterrain des forces, rendre visible le grouillement des flux sous le visage ordinaire des choses : *peindre le Sahara, rien que le Sahara, même dans une pomme*. Faire voir des forces, parce que les forces sont libres, au-delà des formes, au-delà du sens : « Aucune ligne ne sépare la terre et le ciel, qui sont de même substance : il n'y a pas d'horizon ni de fond, ni perspective, ni limite, ni contour ou

---

1. *M.P.*, p. 615.

forme, ni centre » [1]. *Liberté de cette « aformalité »*, de cette fluidité où tout peut être connecté avec tout, et qui, par la peinture, m'affecte directement. Il n'y a plus rien entre le tableau et moi, plus rien que la force et la sensation qu'elle conditionne. C'est en quelque sorte l'absolu de la présence, un absolu « qui ne fait qu'un avec le devenir lui-même » [2].

Face à cet aspect haptique, on trouve l'espace *optique* dont les caractères sont l'exacte antithèse de celui-ci : il sera espace de la distance, de la forme se découpant sur un fond, de la polyphonie des plans superposés, des directions et des significations, etc. …

Cet espace, qui n'est autre que celui de la *représentation*, est justifiable d'une vision éloignée dont Deleuze résume ainsi les caractéristiques : « Constance de l'orientation, invariance de la distance par échange des repères d'inertie, raccordement par plongement dans un milieu ambiant, constitution d'une perspective centrale » [3]. Et si l'absolu a à faire avec cet espace ou cette vision, ce ne sera plus sous le signe de la présence, mais bien en tant qu'horizon ou fond à distance : « La terre est ainsi entourée, globalisée, fondée par cet élément qui la tient en équilibre immobile et rend possible une forme » [4].

3) La troisième caractéristique qui distingue l'art (ou l'espace) haptique de l'art optique tient dans le statut qui sera conféré à la *ligne*. Dans le premier cas, en effet, la ligne sera définie comme *abstraite* dans la mesure où elle ne dessine aucune forme, alors que dans le second cas, elle sera définie comme *concrète* pour la raison inverse. Afin d'élucider ce postulat, il nous faut envisager les deux manières dont on peut,

1. *M.P.*, p. 616.
2. *M.P.*, p. 617.
3. *M.P.*, p. 616.
4. *M.P.*, p. 617.

selon Deleuze, concevoir la ligne[1] : soit celle-ci est censée *relier des points qui lui préexistent* et est en ce sens perçue comme seconde par rapport à ces derniers (ainsi, par exemple ; dans un transport maritime, ce sont les ports et les escales qui sont premiers, et le trajet parcouru par le bateau sera déterminé par ceux-ci). Si la ligne est ainsi soumise à des points, nous constatons qu'elle est du même coup directionnelle : notre regard se déplace sur elle en fonction des points qu'elle relie et suit donc une direction (quelle qu'elle soit). Ces points se définissent par leurs distances mutuelles, mais également et au premier chef, par rapport à un *abcisse* et une *ordonnée*, fussent-ils implicites ou théoriques (un port a par exemple une longitude et une latitude), c'est-à-dire par rapport à une verticale et une horizontale. Dans un tel système, la ligne apparaît dès lors comme *doublement seconde*, tout à la fois comme *liaison* (par rapport aux points qu'elle relie) et comme *diagonale* (par rapport aux axes). Remarquons que si la ligne est seconde, elle apparaît également comme dimensionnelle puisqu'elle relie des points situés dans un espace mesuré par l'abcisse et l'ordonnée.

C'est de cette ligne soumise aux points et aux axes, de cette ligne utile et sage, que résultent les formes : pour Deleuze, « une telle ligne est représentative en soi, formellement, même si elle ne représente pas quelque chose »[2]. Ceci constitue la raison pour laquelle elle est qualifiée de concrète.

Soit au contraire, on prend le parti de considérer la ligne pour elle-même, *indépendamment des points*. On dira alors que la ligne passe « entre » ceux-ci, ou que ceux-ci sont seconds par rapport à elle. L'exemple qui illustre le mieux cette conception est celui du parcours nomade : cette fois, ce

1. *M.P.*, p. 619 *sq.*
2. *M.P.*, p. 623.

sont les haltes qui dépendent du trajet et non plus l'inverse. *La ligne apparaît donc comme première*, elle devient vecteur et non plus liaison. Indépendante des points, elle l'est de ce fait même des axes : la diagonale n'est rapportée à rien d'autre qu'elle-même et sera dès lors qualifiée de *transversale*. Cette ligne « sauvage », qui n'a d'autre dessein que sa propre errance, ne trace par essence aucune forme et sera principiellement « abstraite » [1].

Nous avons ainsi dégagé les principales caractéristiques théoriques qui distinguent l'art haptique de l'art optique. Il nous faut à présent montrer brièvement *comment ces deux sensibilités esthétiques se sont manifestées au travers de l'Histoire de l'Art*. La lecture diachronique de la peinture occidentale que nous présente Deleuze et qui est axée sur ce schéma duel, peut être globalement découpée en six étapes :

1) L'art, nous dit Deleuze [2], ne commence qu'avec la *ligne abstraite*. Aussi l'art préhistorique n'est-il nullement concret ou figuratif mais se meut au contraire dans l'abstraction. C'est toutefois l'Egypte que choisit Deleuze comme point de départ de sa lecture [3]. Le bas-relief égyptien appartiendrait, selon une analyse que Deleuze emprunte à Maldiney et à Riegl [4], à l'art haptique par son emploi de la surface, de la proximité et de la ligne abstraite (géométrique) : il ignore en effet la profondeur et juxtapose ses figures de manière telle qu'elles soient tout à la fois proches l'une de l'autre et de nous-mêmes, utilisant

1. Deleuze donne deux sens au terme abstrait : au sens large, utilisé ici, abstrait désigne ce qui est non figuratif. Au sens étroit, l'abstraction désignera un certain courant artistique contemporain qui dépasse la figuration mais au moyen d'un code qui réintroduit la forme, cf. *infra*.

2. *M.P.*, p. 620.

3. *F.B.*, p. 79.

4. Maldiney, *op. cit.*, p. 194, qui se réfère à Riegl.

ainsi cette double *proximité* interne et externe que nous avions découverte comme caractéristique des œuvres baconiennes. Il s'agit également d'un art essentiellement *linéaire* : les figures y sont ciselées par un tracé net et pur, et apparaissent comme non organiques dans la mesure où celui-ci ne dégage aucune perspective, aucune profondeur scénique ou charnelle, pas plus qu'il ne noue de relations dialogiques (les figures sont comme isolées par la précision de leurs contours, enfermées dans leur splendeur hiératique). Remarquons toutefois que cet art haptique égyptien souffre encore de la prégnance d'un code formel relativement rigoureux.

2) La seconde étape relevée par Deleuze est alors l'apparition de la *ligne organique grecque* : libération de la profondeur et réalisme dans le modelé des corps, rupture de l'isolement des figures et dimensions plus aisément narratives… [1]. La ligne change incontestablement de statut et se met à découper des formes concrètes, « organiques », charnelles : la présentation hiératique se mue en représentation volubile, tissant un réseau de *relations*, de tensions et d'affrontements *entre les formes* (distance interne) et *avec nous* (distance externe). L'intervalle dialogique est donc non seulement dans l'œuvre par la scène, fut-elle latente, qui s'y noue (même un seul éphèbe de marbre est une scène en puissance, tant semble précaire son immobilité), mais également hors d'elle par l'interprétation et le dialogue qu'elle suscite avec celui qui la regarde. À l'encontre des œuvres pleinement haptiques (Cézanne, Bacon, certaines réalisations des arts nomades…) où les lignes et les forces se composent et se nouent sans jamais ciseler une

---

1. *Cf.* par exemple les frises du Parthénon, et l'allure plus « vivante », plus « organique », de ce bas-relief. La volonté de représentation (au sens deleuzien), de narration, est indéniablement plus prégnante que dans le bas-relief égyptien.

histoire (cela passe, mais rien ne se passe), les œuvres grecques apparaissent parcourues de confrontations, de médiations et de destins. La proximité haptique et sa ligne géométrique ont fait place à la profondeur optique (ou « tactile-optique »[1]) et à sa ligne organique : « La forme et le fond ne sont plus sur le même plan, les plans se distinguent et une perspective les traverse en profondeur, unissant l'arrière-plan au premier plan : les objets se recouvrent partiellement, l'ombre et la lumière remplissent et rythment l'espace, le contour cesse d'être limite commune sur le même plan pour devenir auto-limitation de la forme ou primauté de l'avant-plan »[2]. Ainsi apparaît le profil de la représentation, qui restera pour Deleuze la tendance majeure de l'art d'occident.

3) La troisième étape est constituée, pour notre auteur, par *l'art byzantin*, qui va opérer une radicalisation de la dimension optique présente dans l'art grec. Ce dernier n'était en effet pas purement optique, mais « *tactile-optique* », dans la mesure où, pour être appréhendées en perspective par une vision éloignée, les formes n'en étaient pas moins dotées d'une certaine « sensualité » charnelle, de telle sorte que la dimension tactile était malgré tout présente. C'est cette proximité inhérente à la chair même que va éradiquer Byzance, ciselant des images pures, des *visions spirituelles*, pellicules de clarté collées aux voûtes, dont les formes « se désagrègent en montant dans la lumière »[3]. Cet espace optique pur se caractérise donc par la *déliquescence de la forme elle-même*, pour ne conserver que de purs rapports de couleurs : « Les références tactiles sont annulées et même le contour cesse d'être une limite, et résulte

1. Car l'art grec « n'est pas simplement visuel, mais il se réfère à des valeurs tactiles, tout en les subordonnant à la vue », *F.B.*, p. I.

2. *F.B.*, p. 81.

3. *F.B.*, p. 82.

de l'ombre et de la lumière, des plages noires et des surfaces blanches »[1]. Remarquons qu'il s'ensuit de tout ceci que la forme peut se voir dissoute de deux manières : *soit* par la mise en œuvre d'une esthétique purement optique, ne fonctionnant que sur les jeux de lumière, *soit alors* par l'application de l'esthétique inverse, à savoir l'esthétique deleuzienne (*haptique*), où la forme cède cette fois la place à la présence des flux colorés. La forme se révèle ainsi comme une *instance médiane*, entre la distance absolue de l'optique pur et la proximité immédiate de l'art haptique, dans l'entre-deux de la présence et de l'absence… Remarquons enfin qu'il n'est guère étonnant que l'art optique pur ait été un art profondément chrétien : le gouffre creusé entre l'image et la chair n'est que le reflet du gouffre ontologique qui sépare l'homme de Dieu. Il n'est pas étonnant non plus qu'il se soit agi de Byzance : n'est-ce pas d'Orient en effet que provenaient les arianistes[2] et les nestoriens[3], qui aggravaient par leur doctrine la déchirure séparant la créature du Créateur ? Dans la mesure où, d'une manière ou d'une autre, Arius et Nestorius (et ceux qui les suivirent) portaient atteinte à la coexistence des deux natures, humaine et divine, en Jésus-Christ, ils approfondissaient par là même l'écart entre la « chair » et l'« esprit » : leur influence ne pouvait dès lors déboucher que sur un art exaltant la pure lumière, et exempt autant que faire se peut, de tout reliquat charnel…

1. *F.B.*, p. 82.

2. Arius, prêtre d'Alexandrie, rejetait l'unité des trois personnes de la trinité. Il fut condamné au concile de Nicée en 325.

3. Nestorius, Patriarche de Constantinople en 428, enseignait qu'il y avait deux personnes distinctes en Jésus-Christ. Donc il niait par là la consubstantialité des deux natures en Jésus, et approfondissait ainsi le gouffre entre la « chair » et l'« esprit ». Il fut condamné au concile d'Ephèse en 431.

4) Si l'art byzantin représente le modèle de l'espace optique pur, l'art « *barbare* » ou « *gothique* » sera au contraire considéré comme l'imposition d'un *espace purement tactile*[1]. Cet art barbare se distingue tout à la fois de la représentation classique grecque et de l'espace optique byzantin par sa proximité haptique, mais il se distingue également de la ligne géométrique égyptienne : cette dernière en effet se préoccupait malgré tout de capter l'essence dans un contour, fut-il plat et tout en surface, et se soumettait dès lors à un code et un hiératisme de circonstance. L'art barbare n'a plus ce souci : c'est un art du trait ponctuel et de l'accident, nous dit Deleuze. Aussi sa ligne peut-elle se laisser aller sans vergogne à la frénésie de sa *vitalité anorganique*, emportée par un mouvement infini qui la brise et la tord sans trêve. Cette ligne folle et galopante ne délimite plus aucun contour digne de ce nom, mais prolifère et fuit en tous sens, connectant l'hétérogène et créant, l'espace d'un instant, une figure éphémère qu'elle dénoue aussitôt comme le vent dénoue sur le sable les dessins qu'on y trace. La ligne gothique est une ligne nomade : c'est toujours le Sahara qu'elle nous donne, et si elle est parfois « animalière, ou même anthropomorphique, ce n'est pas au sens où elle retrouverait des formes, mais parce qu'elle comporte des traits, traits de corps ou de tête, traits d'animalité ou d'humanité, qui lui confèrent un réalisme intense. C'est un réalisme de la déformation contre l'idéalisme de la transformation »[2]. Si cette ligne ne définit aucune forme, elle ne se découpe pas non plus sur un fond, puisque ces deux termes, nous l'avons vu, vont de pair : « Il n'y a plus ni forme ni fond, en aucun sens, parce que la ligne et le plan tendent à égaliser leurs puissances »[3].

1. *F.B.*, p. 83.
2. *F.B.*, p. 83.
3. *F.B.*, p. 83.

Nous pouvons récapituler les caractères de l'art « gothique » (ou haptique pur) comme suit : d'une part la *primauté de la ligne sur la forme* : contrairement à la représentation (qui représente toujours un « objet » réel, idéal ou fantasmatique), mais également à la ligne égyptienne (qui tente malgré tout de capter l'essence), l'art barbare appréhende le monde comme un espace libre où toute forme est contingente (accidentelle, dira en l'occurrence Deleuze). C'est *cette reconnaissance de la contingence des formes qui fonde précisément son « réalisme intense »*, à l'encontre de l'« idéalisme » représentatif (qui croit en leur « irréfragabilité »). De ce que tout soit perçu comme accident sans essence résulte la primauté (et la liberté) absolue de la ligne et de la main qui la trace : rien ne la limite, rien ne détermine ses connexions, si ce n'est des circonstances ponctuelles et des désirs galopants.

La seconde caractéristique de l'art « gothique » est la *proximité (ou caractère « plat », ou encore immédiateté) de la ligne à ce qu'elle trace et à celui qui la regarde*, par opposition à la forme qui se découpe sur un fond. La ligne n'implique par elle-même aucune profondeur, dans la mesure où elle ne *représente* rien (elle ne dessine pas des personnages sur fond de monde) et où elle ne se creuse d'aucun *intervalle* (elle est continue, ou peut l'être, précisément parce qu'elle ne raconte rien. Raconter, expliquer, ou plus largement « faire du sens », n'implique-t-il pas en effet de dégager des étapes, d'échelonner des faits et de distinguer des « sujets », donc de creuser des intervalles ?), ces deux raisons étant bien entendu co-impliquées. Si cette ligne ne raconte rien, ne représente rien, cela ne signifie pas qu'elle n'agit pas : bien au contraire, cette ligne non figurative est censée *nous atteindre de plein fouet* par sa proximité même. Ce n'est rien d'autre, en fin de compte, qu'un flux d'énergie destiné à nous emporter.

5) La cinquième étape, après l'art « gothique », est constituée par l'art « baroque ». Il convient de souligner dès l'abord la profonde mutation qui a affecté la lecture deleuzienne en cette matière : dans la *Logique de la sensation*, cette époque où cette expression artistique ne semble guère retenir l'attention de notre auteur, puisqu'il nous est simplement dit que le XVIIe siècle rejoint, par ses jeux d'ombre et de lumière plus forts que les formes, la tradition optique de l'art byzantin[1]. Et cette place somme toute marginale octroyée au Baroque ne fait que confirmer les considérations figurant à ce sujet dans *Mille Plateaux* : L'art du XVIIe et du XVIIIe siècles (baroque et classique confondus) y apparaît en effet comme un art « hylémorphique », dominé par un certain rapport de la forme et de la matière in-formée. L'artiste y serait appréhendé comme un démiurge affrontant « le chaos, les forces du chaos, les forces d'une matière brute indomptée, auxquelles les formes doivent s'imposer pour faire des substances, les codes pour faire des milieux. Prodigieuse agilité »[2]. Et c'est dans ce *dressage de la matière par les formes*, quand bien même celles-ci différeraient-elles *in concreto*, que résiderait l'essence commune du Baroque et du Classique. Par ce travail de ciselage des formes, ces deux courants relèvent incontestablement de l'art optique. Il en ira de même du *Romantisme*, qui se distingue toutefois des mouvements précédents par la *continuité* qu'il distille dans la matière et dans la forme : « La forme elle-même devenait une grande forme en développement continu, recueil des forces de la terre qui prenait en gerbe toutes les parties. La matière elle même n'était plus un chaos à soumettre et

---

1. *F.B.*, p. 82.
2. *M.P.*, p. 417 *sq.*

organiser, mais la matière en mouvement d'une variation continue »[1]. En d'autres termes chaque œuvre, chaque agencement de forme et de matière, apparaît comme une séquence de la continuité puissante des forces du monde. Quoique le Romantisme fonctionne toujours avec la notion de forme, nous y voyons poindre l'idée de force, l'idée d'une continuité intensive du monde en-deçà de ses découpages, qui trouvera, selon Deleuze, son plein épanouissement dans l'art moderne.

De cette lecture, qui fait du Baroque une étape accessoire sur le chemin qui mène aux découvertes de l'art contemporain, nous ne trouvons plus trace dans le livre que Deleuze a ultérieurement consacré à cette question, à savoir *Le Pli*, qui porte dans son sous-titre (*Leibniz et le Baroque*) la marque de son ambition. Aux antipodes des considérations antérieures, Deleuze octroie cette fois au Baroque *la position la plus éminente* puisqu'il en fait l'inspirateur direct de l'intuition (centrée sur les notions d'aformel et de figural) qui guidera l'art moderne. Il va de soi que cette prépondérance nouvelle résulte d'une profonde mutation quant à la perception de ce qu'est, en fin de compte, le Baroque. En quoi consiste cette mutation? Quels sont les principes ou critères justifiant la soudaine promotion d'une sensibilité jusqu'alors négligée? Qu'est-ce qui doit être en définitive considéré comme baroque, selon la lecture qu'en donne aujourd'hui Deleuze? Six termes ou couples de termes sont expressément utilisés pour en définir le concept : Le pli, l'intérieur et l'extérieur, le haut et le bas, le dépli, les textures, et le paradigme. Remarquons toutefois que les cinq derniers caractères sont à considérer comme des développements ou des aspects particuliers du premier, qui les comprend tous : « Pour nous, en effet, le critère

1. *M.P.*, p. 419.

ou le concept opératoire au Baroque est le Pli, dans toute
sa compréhension et son extension : pli selon pli »[1]. Aussi
partirons nous de cette notion clé, que nous avons par ailleurs
découverte comme étant un concept fondamental du statut
théorique de la forme.

Le Baroque serait donc *l'art du pli*, comme le suggère
notamment cette œuvre centrale qu'est la Sainte Thérèse du
Bernin. Toutefois, relève aussitôt Deleuze, « on peut objecter
que le concept de pli reste à son tour trop large : pour s'en tenir
aux arts plastiques, quelle période et quel style pourraient
ignorer le pli comme trait de peinture ou de sculpture ? »[2]. Et
en effet, quelle est l'époque, quels sont les peintres, qui n'ont
pas un tant soit peu plié, drapé, froissé ou chiffonné les étoffes,
les rochers, les nuages, ou les corps ? À en rester là, nous
n'aurons nullement spécifié le Baroque. Si nous voulons,
déclare Deleuze, « maintenir l'identité opératoire du Baroque
et du pli, il faut donc montrer que le pli reste limité dans les
autres cas, et qu'il connait dans le Baroque un affranchis-
sement sans limites dont les conditions sont déterminables »[3].
En d'autres termes, il s'agira de montrer que le Baroque n'est
pas un art qui fait *usage* du pli (ce qui ne lui est guère spécifique), mais bien plutôt un art qui *se définit* par le pli, ou octroie
à celui-ci un statut sans précédent. Il apparaît en effet que le pli
constitue la clé même de son rapport au monde : il n'est plus pli
de corps, de vêtement ou de granit ; il n'est plus cet accident
affectant telle forme ou telle essence (le pli-attribut, comme
par exemple dans « l'homme est plié »), mais *il est cela même
qui « constitue » la forme visée par le peintre*, il en est
l'élément génétique et moteur. Ainsi le Bernin n'entend-il pas

1. *Le Pli*, p. 47.
2. *Le Pli*, p. 48.
3. *Le Pli*, p. 48.

représenter un corps (celui de Thérèse) autour duquel un vêtement serait enroulé de telle sorte que cela fasse des plis ; mais
ce sont *les plis eux-mêmes qu'il veut*, ce sont les plis du marbre
qui prolifèrent en cascade, et le rapport, la tension, entre ces
plis et la texture lisse de la peau… *Le peintre (ou le sculpteur)
baroque fait du pli, et des substrats qu'il traverse ou affronte,
l'objet même de son entreprise.* Aussi n'y a-t-il plus de nuage
plié, mais un pli de couleur qui *fait* nuage ; plus de corps qui se
ploie ou de manteau qui se froisse, mais une matière à densité
variable qui se tord et se condense pour *faire* corps, et se perd
ensuite dans un drapé de velours. Si le Baroque peut être défini
par le pli, si ce dernier peut être vu comme son concept opératoire, cela tient donc en ceci : le peintre (ou le sculpteur)
baroque n'entend pas représenter des formes (c'est-à-dire,
somme toute, des essences), eussent-elles parmi leurs attributs
d'être pliées, mais fait au contraire du pli, comme *événement*
(ou manière) *affectant une texture,* l'objet même de son travail
pictural. Et Deleuze de citer l'exemple de la nature morte : « La
nature morte n'a plus pour objet que les plis. La recette de la
nature morte baroque est : Draperie, qui fait des plis d'air ou de
nuages lourds ; tapis de table, aux plis maritimes ou fluviaux ;
orfèvrerie, qui brûle de plis de feu ; légumes, champignons ou
fruits confits saisis dans leurs plis de terre » [1].

Cette lecture deleuzienne de l'art baroque appelle trois
remarques :

a) Premièrement, ce dernier devient à proprement parler
un art *non représentatif*, puisque son ambition n'est plus
de représenter des formes mais bien de présenter des plis
affectant des textures, par-delà les formes elles-mêmes. Et
cette défaite de la représentation ou de la forme (qui devient

1. *Le Pli*, p. 166.

seconde, « effet de pli »…) correspond à la défaite de l'essence telle que nous l'avions vue à l'œuvre dans la philosophie (« baroque ») de Leibniz (le « maniérisme » des monades, comme agencements spontanés et fluctuants ou « plissements » de la série du monde, remplaçant l'essentialisme des idées cartésiennes).

b) Deuxièmement, il est intéressant de relever le parallélisme entre l'analyse que Deleuze nous propose du Baroque et celle qu'il nous présentait à propos de la peinture (« figurale ») de Francis Bacon. De part et d'autre en effet, une même ambition apparaît, aux antipodes de la figuration : présenter les textures de la matière, et les flux qui la traversent. Une même tension, un même *mouvement vers l'aformel* se révèle donc central. Toutefois, de part et d'autre également, *on s'abstiendra de mener à son terme ce mouvement de dé-formation* : le matériau ne sera pas mis à nu, ses flux, ses granulations ou ses vibrations, ne seront pas exhibés dans leur incandescence, à la manière d'un Fautrier ou d'un Pollock[1]. Francis Bacon, nous le savons, entend montrer les formes en leur « point de fusion », en cet instant critique où les forces gonflent la figure et la crèvent par endroits, où le corps se plie et se lézarde sans toutefois se perdre déjà dans l'aplat. C'est tout le génie de la peinture baconienne, qui dé-forme les figures par un travail

---

1. Ils seront certes qualifiés par Deleuze de « baroques modernes » (*Le Pli*, p. 49), mais ce nouveau Baroque n'est pas l'ancien : il s'en distingue précisément par sa radicalité, le déferlement désormais libre des divergences et des dissonances. En ce sens, on pourrait penser que l'art figural (Francis Bacon) est plus proche du Baroque ancien, par les limites qu'il s'impose (la « suspension » de la déformation), que du Baroque moderne. Toutefois, il se distingue fondamentalement du Baroque ancien par le fait que ces limites ne sont pas posées comme *données* (préétablies) mais bien comme *voulues* dans un souci d'« efficacité » picturale. Par cet aspect, l'art figural appartient incontestablement au Néo-Baroque.

de brossage, de « nettoyage » ou de chiffonage d'une zone du corps (de préférence le visage…). Et le Baroque, selon la lecture qu'en donne Deleuze, ne fait pas autre chose : il boursoufle, étire, distend ses figures, non par le biais d'un brossage à la manière baconienne, mais par la *prolifération des plis* qui absorbent et triturent les contours. Il s'agit d'une même démarche : exhiber les formes dans l'instant de leur naufrage, et tenir cet instant ouvert, indéfiniment. Seul le procédé diffère : non plus le « nettoyage » baconien qui « fait fuir » la figure dans l'aplat, mais le pli baroque qui recouvre et enfle les corps (celui de Thérèse…), noyant leurs limites à la gloire de la texture.

c) Enfin, nous remarquerons en troisième lieu que ce parallélisme implicite entre l'art baroque et l'art figural se poursuit dans le statut reconnu à la notion de *profondeur* : si l'œuvre baroque se définit par le pli, Deleuze ne tarde pas à ajouter que ce même pli

> détermine lui-même une « profondeur maigre » et superposable, le pli de papier définissant un minimum de profondeur à notre échelle, comme on le voit dans les porte-lettres baroques en trompe-l'œil, où c'est la représentation d'une carte cornée qui jette une profondeur en-deçà du mur. De même la profondeur molle et superposée de l'étoffe qui n'a cessé d'inspirer la peinture [1].

Nous connaissons bien ce principe de la *profondeur maigre* pour l'avoir vu à l'œuvre chez Francis Bacon ainsi que comme principe fondamental de l'art haptique. Par l'insertion de cet élément, Deleuze renforce donc la continuité latente qui relie ce peintre (et le concept d'art Haptique) à l'art baroque. Outre leur commune hostilité à la Représentation et le travail de

---

1. *Le Pli*, p. 52. C'est nous qui soulignons.

déformation qu'ils infligent aux formes, voici à présent qu'ils partagent une même volonté de profondeur minimale, c'est-à-dire de *présence* de l'œuvre tant à elle-même qu'à son contemplateur, selon le principe désormais bien connu d'un art de la sensation.

Mais l'assomption du pli ne va pas, nous l'avons vu, sans une assomption simultanée de la *texture* où se noue ce pli. Le pli advient à une matière, qu'il condense et nous révèle. Un substrat (eau, pierre, chair, ou velours... et au-delà, quelle matière moléculaire, quelle ultra-texture imperceptible?) subit une force en un point, et cette action produit un pliage, une torsion, une boursouflure : un pli. Ainsi se dégagent les deux termes pivots autour desquels se déploie l'appréhension deleuzienne du Baroque : la *texture* et son *plissement*, soit encore un matériau et l'événement qui l'affecte (et n'est autre que l'application ou l'expression d'une force). « La matière qui révèle sa texture devient matériau, comme la forme qui révèle ses plis devient force. C'est le couple matériau-force qui, dans le Baroque, remplace la matière et la forme » [1]. Nous aurons reconnu, dans ce couple posé comme socle de l'art baroque, *ce qui constitue en fin de compte la nervure essentielle de l'esthétique deleuzienne elle-même : non pas représenter des formes, mais bien plutôt présenter les flux qui les peuplent et les débordent, les forces à l'œuvre dans la texture (à densité variable) du Cosmos (qui devient Chaosmos).* Voilà donc comment le Baroque rejoint Deleuze : il met en œuvre le couple matériau-force et la « catamorphose » des formes, criblant les essences de mille plis qui les triturent, les débordent et les noient, et dévoile ainsi par delà

---

1. *Le Pli*, p. 50.

leur vanité les vibrations, les concrescences, et les frissons de la matière …

Cette appréhension du Baroque à partir du couple matériau-force induira Deleuze à soutenir cette apparente contradiction : « Le Baroque est l'art informel par excellence : au sol, au ras du sol, sous la main, il comprend les textures de la matière (…). Mais l'informel n'est pas négation de la forme : il pose la forme comme pliée, et n'existant que comme "paysage du mental", dans l'âme ou dans la tête, en hauteur »[1]. Si le Baroque peut être qualifié *d'art informel*, c'est en tant qu'il vise à *rendre les textures*, la viscosité, la fluidité, les granulations de la matière. Toutefois cet informel n'est pas la négation de la forme, dans la mesure où cette matière ne peut être atteinte qu'« au travers » des formes qui l'enserrent, dans *le mouvement de déformation* qu'y distillent les plis. Cette idée nous est connue : n'était-elle pas déjà à l'œuvre dans la présentation du transcendantal comme grouillement de singularités préindividuelles, « matière anonyme et intensive » subsistant à la surface des choses mais n'existant que dans les agencements individuels qui en constituent autant de « concrétions » ? Si tout dedans (toute forme ou tout phénomène d'individuation) n'est que l'invagination ou la pliure d'un Dehors préformel, *encore ce dernier n'affleure-t-il que dans ces mêmes pliures.* C'est toute la question de la relation du transcendantal et de l'effectivité. Par ailleurs, d'une telle conception résultera que ces mêmes formes ou pliures seront simultanément pensées comme « paysages du mental » : ne sont-elles pas, somme toute, que les découpages locaux et contingents, les agencements toujours à produire, de ce Dehors présupposé, comme autant de coups de dés dans le Jeu des forces et des textures ?

1. *Le Pli*, p. 49-50.

Outre le pli et les textures, Deleuze attribue encore au Baroque d'autres traits qui lui sont, si l'on peut dire, plus classiquement associés : il s'agit de la tension de l'intérieur et de l'extérieur (que nous avons par ailleurs envisagée lorsque nous avons abordé la lecture deleuzienne du leibnizianisme, et plus spécifiquement comment la spontanéité de la monade se concilie avec sa réceptivité) ; la tension entre le haut et le bas (en haut, les plis de l'âme et le pliage des formes ; en bas, les plis de la matière ou le matériau. Cette tension entre âme et matière, haut et bas, est particulièrement perceptible dans l'enterrement du Comte d'Orgaz du Greco[1]) ; le dépli (qui est la continuation du pli, la manifestation de sa mutabilité : si toute forme doit être pensée en termes de pli, c'est précisément parce que ce concept implique une fluidité, un devenir, qui s'exprime dans le dépli) ; et le paradigme (comment dégager l'élément formel du pli, c'est-à-dire le pli comme pli et non comme forme pliée ou accident d'une forme. Seul le Baroque invente le paradigme du pli comme tel).

De ce bref examen, nous pouvons conclure que le Baroque apparaît, dans la lecture que nous en propose *Le Pli*, comme un art mû par une ambition *non représentative* (non pas représenter des essences, mais présenter des « manières » et des textures), travaillant par *déformation* (prolifération des plis noyant les contours) et *profondeur maigre* (souci haptique de la présence interne et externe de l'œuvre). Toutefois, cette expression artistique reste malgré tout soumise à un principe hérité de la Représentation : si elle exalte le plissement libre de la matière, si elle triture les formes et les fait fuir, elle n'en reste pas moins prisonnière d'un principe (leibnizien) de *convergence* ou d'harmonie. Et en effet, dans la mesure où le monde

---

1. *Le Pli*, p. 41.

est appréhendé comme une série convergente, soit encore comme régi par une loi d'harmonie, sont *de facto* à banir tous les agencements ou toutes les connections (de monades, ou de lignes, de traits picturaux…) qui iraient à l'encontre de cette harmonie ou de cette convergence. C'est sur ce principe, qui vient limiter *a priori* et extrinsèquement les possibilités de construction artistique ou conceptuelle, que se fonde notamment cette règle essentielle en musique baroque (mais ne vaut-elle pas également en peinture?) selon laquelle toute dissonance doit impérativement être résolue, afin que soit préservé en dernière instance l'ordre harmonieux des choses.

Cette limitation, nous dit Deleuze, se manifeste chez Leibniz par une *double condition extrinsèque*, ou une double sélection, imposée aux monades : «ce monde suppose une première sélection, de convergence, puisqu'il se distingue d'autres mondes possibles, mais divergents, exclus par les monades considérées; et il entraîne une seconde sélection de consonance, puisque chaque monade considérée va se tailler une zone d'expression claire dans le monde qu'elle inclut (…)»[1]. Cette exigence (extrinsèque) de convergence et de consonance vient limiter catégoriquement les possibilités de connexions, constructions ou pliages dont le monde comme série infinie serait susceptible, et donc *limiter la liberté elle-même*. Cette limitation ou cette exigence formelle, insérant un ordre irréfragable, quand bien même serait-il minimal, apparaît comme une rémanence de la Représentation : il reste en effet quelque chose qui préexiste, un donné *a priori*, extrinsèque et irrémédiable, comme une trace d'Essence dans l'océan des manières.

---

1. *Le Pli*, p. 188.

Et c'est précisément cela, cette sélection ou ce donné, que le « néobaroque » moderne fera disparaître : le « mundus » leibnizien cède la place à un *Chaosmos* qui comprend toutes les séries divergentes et affirme toutes les connections imaginables, et la monade comme unité close devient une entité fluide maintenue « à demi ouverte comme par des pinces » [1]. *Toute fermeture, de la série par convergence ou de la monade par inclusion, sombre donc au profit d'un grouillement cette fois radicalement libre*, « où les monades s'entrepénètrent, se modifient, inséparables de blocs de préhension qui les entraînent, et constituent autant de captures transitoires » [2]. Ainsi, si la modernité tient du Baroque par sa conception de la forme comme pli, agencement ou capture éphémères et contingents de singularités préformelles, elle l'excède aussitôt par la suppression de tout ordre (harmonique) comme de toute hiérarchie (des principes, des monades, des accords..), c'est-à-dire de tout donné extrinsèque, dans l'assomption d'un *aformel absolu*, désormais libre, terriblement libre…

6) Enfin, la sixième étape de l'histoire de la peinture occidentale selon Deleuze, à savoir, *la modernité en peinture*. D'une manière très générale, elle se caractérise par le souci de rompre avec la figuration-narration : la photo a en effet pris sur elle la fonction de représenter le monde et en a de ce fait expulsé la peinture, qui aura à chercher ailleurs sa raison d'être et sa spécificité. Abandonnant la représentation des formes, elle se tournera alors vers la *présentation des forces* :

> Le rapport essentiel n'est plus matières-formes (ou substances-attributs) ; mais il n'est pas davantage dans le développement continu de la forme et la variation continue de la matière. Il

---

1. *Le Pli*, p. 188.
2. *Le Pli*, p. 189.

se présente ici comme un rapport direct matériau-forces. Le matériau, c'est une matière molécularisée et qui doit à ce titre capter des forces, lesquelles ne peuvent plus être que des forces du Cosmos [1].

Ainsi donc, expulsée de la représentation par l'évolution de la technique, la peinture s'est vue contrainte de devenir « métareprésentation » et a assumé cette contrainte comme une volonté : *puisque les formes lui échappent* (et ici, c'est nous qui parlons), puisque la technique les saisira avec toujours plus d'acuité qu'elle ne pourrait le faire, et bien elle montrera que les formes ne sont qu'une *superstructure contingente recelant des flux plus profonds*, des forces plus authentiques, qu'elle seule peut dévoiler et distiller en nous comme l'essence d'un devenir plus libre. En d'autres termes, puisque les choses sont domptées par l'œil de verre de la technique, reste le chaos, l'imperceptible, l'indomptable grouillement des singularités intensives, dernier espace flou où la liberté se déploie sans limites. On pourrait, nous semble-t-il, tracer un parallèle entre ce devenir de la peinture moderne et le destin similaire de la métaphysique : expulsée du discours apophantique sur le monde par le développement de la science moderne, elle s'est vue contrainte de se replier sur des positions critiques et éthiques, *et a fait de ce repli une élévation...* [2].

La modernité en peinture se présente donc comme une rupture par rapport à ce qui précède, puisque la représentation des formes qui avait caractérisé l'art d'occident (à quelques notoires exceptions près, tel l'art gothique, et l'art baroque dans la seconde lecture qui nous en est proposée) fait place à

1. *M.P.*, p. 422.

2. Sur cette question, *cf.* G. Hottois, *Pour une métaphilosophie du langage*, Paris, Vrin, 1981.

la présentation des forces, qui apparaît comme la seule « voie de salut » désormais possible. Pour Deleuze, ce bouleversement esthétique radical, « c'est le tournant post-romantique : l'essentiel n'est plus dans les formes et les matières, mais dans les forces, les densités, les intensités »[1]. Ce tournant s'opère avec Cézanne et trouve son expression la plus achevée, ainsi que nous l'avons vu, avec le peintre contemporain Francis Bacon. Toutefois, Deleuze n'envisage pas la peinture moderne comme un tout homogène : *trois courants* se manifestent en son sein, qui incarnent chacun une tentative spécifique pour dépasser la crise de la représentation qui frappe les arts plastiques :

1) Le premier courant est celui de la *peinture abstraite*. Si nous prenons par exemple un Mondrian ou un Kandinsky, nous constatons indubitablement, et c'est même là un truisme, qu'ils rompent radicalement avec la figuration classique : rien n'est à proprement parler représenté dans leurs œuvres, pas plus d'ailleurs que ne s'y déroule une quelconque « histoire ». N'est-ce pas là dès lors cette libération aformelle, cette présentation des forces que nous attendions ? Quoiqu'il y paraisse de prime abord, nous devons conclure négativement : certes, le peintre abstrait rejette la figuration classique, et c'est même là son dessein premier, mais il ne le fait qu'au profit d'un arsenal pictural qui reste un *arsenal de formes* (géométriques ou quelconques). Il ne substitue dès lors qu'un découpage à un autre, laissant subsister *de facto* la distance inhérente à toute codification. Le carré, le rond, le gris x ou la forme y constituent un nouvel univers formel et signifiant qui ne se distingue en rien, si ce n'est par son « style », de l'univers formel de la représentation classique. En d'autres termes, dans son désir de

1. *M.P.*, p. 423.

renverser la représentation « traditionnelle » axée sur l'exté-riorité de l'objet, la peinture abstraite aboutit à créer une *nouvelle représentation axée cette fois sur l'intériorité du sujet* : spéculations intellectuelles, visions fantasmatiques ou monde étrange, on ne sort pas de l'espace optique des formes, et cette dimension optique sera d'autant plus sévère que cette « représentation intérieure » n'a même plus besoin des connotations tactiles que la représentation classique, peignant des corps et des matières, sollicitait encore...

Cloisonnée dans ce qui n'est en fin de compte qu'un nouvel alphabet formel, voire même un simple codage symbolique du figuratif[1], la peinture abstraite en vient ainsi à *manquer l'essentiel* : la présence, la sensation, c'est-à-dire « l'action directe sur le système nerveux ». Ce courant, qui consacre une subordination complète de la main à l'œil (au code visuel abstrait) sera qualifié de *digital* : « la vision s'est faite intérieure et la main s'est réduite au doigt, c'est-à-dire n'intervient plus que pour choisir les unités correspondantes à des formes visuelles pures ».

2) Le second courant constitue en quelque sorte l'anti-thèse théorique du premier et est qualifié *d'art informel*[2]. L'ambition de départ est identique : comme l'art abstrait, l'art informel entend en finir avec la représentation. Toutefois, les moyens mis en œuvre se révèlent radicalement différents puisqu'il ne s'agit plus de peindre des formes abstraites mais bien de *dissoudre toutes formes dans un chaos fluide de traits sauvages et de taches colorées*, d'exhiber des forces pures par une ligne qui ne délimite plus rien, qui est à peine une ligne tant

---

1. *F.B.*, p. 67.
2. Le terme d'art informel a été introduit en 1951 par M. Tapié à propos des dessins de Camille Bryen (cf. *Encyclopedia Universalis*, voir « art informel », 9, p. 1174b).

elle est brisée, rompue, « manuelle »… « C'est le renoncement à tout projet, à toute délibération, à toute idée préalable, et donc, l'abandon aux vertus plus ou moins imprévisibles du geste et du matériau : les taches et les maculatures, les textures de Dubuffet ; les empâtements, les grumeaux, les badigeons, les écrasis de Fautrier »[1], auxquels on peut ajouter les lignes folles de Pollock ou les éclaboussures colorées de Sam Francis[2]. L'art informel apparaît ainsi comme un art de l'*abstention* (en amont) ou de la *dissolution* (en aval) de toute forme, de toute signifiance, de tout projet structuré : donner simplement à la matière sa chance maximale, renverser sa subordination millénaire à la forme ou au concept, libérer radicalement les flux profonds, les forces gravifiques aliénées à l'architectonique picturale traditionnelle. Il ne s'agit donc plus de la trans-formation abstraite, ni même de saisir le mouvement de dé-formation sur le vif de son accomplissement, tel que nous le présentait Bacon, mais bien de présenter la dissolution *réalisée* de toutes les formes, les flux à l'état natif, le matériau tel qu'en lui-même. N'est-ce pas là le devenir imperceptible enfin réalisé, manifesté ? La présence, la proximité immédiate, la sensation pure, ne sont-elles pas enfin atteintes puisque plus rien (ni contour, ni projet, ni signifiance…) ne vient s'interposer entre l'œuvre et moi ? Une fois de plus, Deleuze répond négativement, car si la sensation est bien atteinte, elle « reste dans un état irrémédiablement confus »[3]. Tel est donc le point d'achoppement de l'art informel : la libération des flux qu'il opère, l'imperceptible ou le moléculaire dont il dévoile le grouillement, tout cela est *trop brutal,*

---

1. H. Damish, *Encyclopedia Universalis*, voir « art informel », 9, p. 1172b.

2. Voir à cet égard le nouveau plafond du hall de l'Opéra national La Monnaie-De Munt.

3. *F.B.*, p. 71.

trop violent. Certes, la présence des forces élémentaires est bien assurée, l'immédiateté en est même portée à son point d'orgue, cependant la vue proche est cette fois *trop proche*, jusqu'à ne plus voir qu'un brouillard indistinct, jusqu'à tout perdre dans ses brumes vagues. Rappelons-nous ce que nous avions vu plus haut à propos de la dissolution de la forme dans le champ de l'effectivité : celle-ci doit s'opérer avec prudence, avec cette sobriété qui seule peut éviter à la ligne de fuite de tourner en ligne de mort ou d'abolition. Deleuze est à tout moment extrêmement conscient du danger que recèle le devenir-imperceptible, quelle que soit la sphère (éthique ou esthétique) où il se déploie. La libération des forces élémentaires risque en effet, si elle est « laissée à elle-même », de tourner en un chaos indifférencié, ce qui justifie la permanence de ces mises en garde et la stricte exigence de netteté, de rigueur et de prudence. *Si la forme doit être dissoute, on prendra garde d'en préserver malgré tout le juste nécessaire pour éviter le chaos*, on en réinjectera au besoin de petites doses opératoires, tout en clamant par ailleurs sa contingence. *La forme est un mal nécessaire.*

3) D'où il résulte qu'une troisième voie en peinture, qui réaliserait cette ambition de dissolution des formes alliée à leur conservation marginale, se devait d'être inventée : cette synthèse sera incarnée au premier chef par *Francis Bacon*. À égale distance du code formel optique de l'abstraction et de la catastrophe haptique de l'art informel, celui-ci se distingue en effet, comme nous le savons, par l'exposition du *travail de déformation saisi dans le cours de son accomplissement* : il nous présente le spasme génésique du devenir-imperceptible,

la déliquescence des formes dans la plénitude de sens que comporte ce terme (le verbe *liquere*, additionné de l'infixe *sc* qui désigne toujours une action en train de s'accomplir[1]). En d'autres termes, le travail de déformation est présenté « se faisant », dans la mise en œuvre toujours recommencée de la forme et des forces qui la débordent. Il en résulte une certaine préservation du contour[2], mais un contour toujours déjà sapé et qui ne délimite plus rien, exhibé dans sa submersion perpétuelle par les flux qui l'habitent… Nous percevons dès à présent l'ambivalence de la voie choisie : moléculariser la forme, mais sans jamais aboutir au résultat final.

C'est cette voie médiane, à égale distance de l'optique et du manuel, qui est censée réaliser *la véritable expression haptique* : l'œil investit une certaine fonction tactile (présence du matériau), sans toutefois se perdre dans les errances du geste. Si la subordination de la main à l'œil (c'est-à-dire de la matière à la forme) est rompue, ce n'est pas au profit d'une subordination inverse comme dans l'art informel, mais bien au profit d'une découverte par la vue « d'une fonction de toucher qui lui est propre, et n'appartient qu'à elle, distincte de sa fonction optique »[3]. Par ce travail de déformation, la *présence* est assurée : la carcéralité de toute forme est en effet brisée et son quadrillage destitué. La sensation est dès lors atteinte, mais sa netteté est préservée : le matériau et la force restent maîtrisés par la *volonté* qui, jouant la forme contre le chaos et le chaos contre la forme, garde la haute main sur le devenir pictural.

---

1. Exemple : adolescent, celui qui *devient* adulte ; sénescence, le fait de *devenir* vieux ; obsolescence, le fait de *devenir* obsolète…

2. Comme en témoignent les tableaux de Bacon.

3. *F.B.*, p. 99.

Le lisse et le strié

Nous sommes partis de l'analyse de Francis Bacon, puis d'une confrontation plus large avec Cézanne, pour passer ensuite à des considérations esthétiques générales avec l'examen des deux sensibilités esthétiques (haptique et optique) qui régissent selon Deleuze le déroulement de l'Histoire de l'Art. Si nous élargissons encore nos investigations, nous constaterons que ces deux courants correspondent à une *distinction affectant l'espace lui-même* dans sa dimension la plus générale : la vision haptique relève en effet de ce que Deleuze nomme l'*espace lisse*[1], tandis que la vision optique appartient à l'*espace strié*. D'une manière générale, l'espace lisse présente les caractéristiques suivantes : il est directionnel (et non dimensionnel), peuplé d'événements ou heccéités, intensif, non mesurable, anorganique. C'est aussi un espace d'affects, où « des matériaux signalent des forces ou leur servent de symptômes »[2]. Il est également défini comme un espace ouvert, non cloisonné et nomade. Rappelons que cette sensibilité qui consiste à appréhender l'espace (le monde) comme un champ intensif et ductile a également son expression « théorique », l'empirisme supérieur, et son expression « existentielle », le devenir-imperceptible. Enfin, elle trouve son expression esthétique dans l'art haptique.

Face à cela figure l'espace strié, qui est au contraire dimensionnel ou métrique, extensif, mesurable, organique. Il met en œuvre des formes et des sujets qui composent des ordres et des hierarchies. Enfin, on peut également le définir comme un

---

1. *M.P.*, p. 592 *sq.* Deleuze emprunte en fait l'opposition du *lisse* et du *strié* à Pierre Boulez, *Penser la musique aujourd'hui*, Paris, Gonthier, 1963. Cette distinction est également reprise par une autre de ses références, à savoir Maldiney, *op. cit.*, p. 159.

2. *M.P.*, p. 598.

espace fermé, cloisonné et sédentaire. La sensibilité qui préside à cette conception a également son expression théorique (schématiquement, la métaphysique de la Forme et de la Substance) et son expression existentielle (le moi, la *persona*, les appartenances…). Enfin, elle trouve son expression esthétique dans l'art optique de la représentation.

Remarquons que se profile dans cette bipartition un « jugement de valeur » de type bergsonien, puisque l'un des termes (l'espace lisse et ses « conséquences ») se voit investi de toute l'authenticité, la fécondité, la liberté, alors que le second apparaît au contraire comme inauthentique, sclérosant, despotique.

Aspect dynamique : le processus pictural

L'analyse à laquelle nous venons de procéder nous a livré en quelque sorte la carte de l'esthétique deleuzienne. Cette vue statique doit toutefois être complétée d'une vue *dynamique*, en ce qu'il nous faut examiner à présent comment notre auteur envisage le processus pictural lui-même.

Dans la démarche qui mène à l'acte de peindre, l'artiste semble se trouver devant ce qui apparaît à première vue comme une alternative : soit représenter le réel, soit s'en abstenir et s'engager dans une voie non figurative. Examinons ces deux voies telles que nous les présente Deleuze : *la voie figurative*, nous dit l'auteur, implique « le rapport d'une image à un objet qu'elle est censée illustrer ; mais elle implique aussi le rapport d'une image avec d'autres images dans un ensemble composé qui donne précisément à chacune son objet »[1]. Deux éléments ressortent de cette définition : d'une part, la figu-

---

1. *F.B.*, p. 10.

ration fonctionne sur le *rapport modèle/copie*. Désignant ce rapport comme caractéristique de toute représentation, Deleuze réfère celle-ci au schéma platonicien mis en cause dans *Différence et répétition* : comme dans ce dernier, il est en effet question de rapporter une image (seconde) à un modèle (premier) qui lui sert de référent ultime et par rapport auquel elle se définit négativement. Ce schéma (platonicien et représentatif) implique donc une conception négative de la différence et de l'apparence, puisque celles-ci sont rapportées à un Même, un Modèle, une Idée qui lui sert de « foyer » et dont elles doivent sans cesse tenter de se rapprocher. Une différence devient dans cette optique une non-conformité, un « moindre même ». Parallèlement, l'image ou l'apparence apparaît également comme une moindre expression de l'objet, un reflet destitué par sa distance même. Il en résulte une « culpabilisation » de toute peinture (et de tout artiste) puisque celle-ci tente, en vain cela va de soi, d'égaler le modèle qu'elle prend pour cible. D'autre part, le rapport des images entre elles implique que toute figuration apparaît comme une *narration* : de même que l'image tente de « rejoindre » l'objet, la peinture entière tente d'exprimer la scène à laquelle participent les objets. Il en résulte que cette narration est elle aussi seconde, culpabilisée, vouée à l'échec dans sa tentative indéfiniment inachevée de rejoindre l'histoire vraie.

La figuration apparaît dès lors comme le lieu d'un double échec par rapport à ses ambitions : elle sera toujours en effet, à ses propres yeux, *en-deçà d'elle même*. Et à cette indépassable fêlure qui sépare les images et leurs objets s'ajoute alors une défaillance « externe » : Deleuze précise en effet que la volonté représentative en art procède d'une erreur fondamentale, à savoir *la croyance en la virginité de la toile avant de peindre*. Il est généralement considéré que l'artiste, lorsqu'il s'apprête à travailler, se trouve devant une surface blanche, vide, prête à recueillir passivement les désirs de sa main. Or, il n'en est rien : « En effet, si le peintre était devant une surface blanche, il pourrait y reproduire un objet extérieur fonctionnant comme modèle. Mais il n'en est pas ainsi. Le peintre a beaucoup de choses dans la tête, ou autour de lui, ou dans l'atelier. Or tout ce qu'il a dans la tête ou autour de lui est déjà dans la toile, plus ou moins virtuellement, plus ou moins actuellement, avant qu'il commence son travail »[1]. Le peintre doit donc commencer par *déblayer*, nous dit Deleuze, c'est-à-dire chasser tous ces clichés qui occupent la toile. Mais que sont donc fondamentalement ces « clichés » ? Rien d'autre en fait que les formes instituées qui nous pétrissent à coup de marteau et nous imposent le monde tel qu'il n'est pas... Ainsi par exemple, celui qui entend simplement peindre une pêche sera assiégé par les formes de la pêche : une pêche, c'est doux, c'est comme la peau des bébés, ou comme le ventre des filles, c'est sucré comme le péché, mais un péché tout jeune, encore frais... Tous ces « clichés » encombrent la toile avant de peindre, la pêche y apparaît dans « tous ses états » mais non en tant qu'elle-même, et le peintre aura *à faire le vide*, puis à la saisir elle seule, à la triturer, à la déformer, à en faire fuir les contours pour en révéler la force fruitée tapie sous sa peau.

C'est tout le travail de Cézanne, tout son combat harrassant pour extraire un peu de la force pommesque cachée au fond des pommes... *Le peintre « véritable » lutte contre les formes qui envahissent sa toile, pour tenter de découvrir les flux celés au cœur des choses.* Et c'est précisément en ce que l'essence de la peinture réside ainsi en-deçà (ou au-delà) de la figuration qu'elle a subsisté et se justifie aujourd'hui face aux perfor-

---

1. *F.B.*, p. 57.

mances « figuratives » de la technique. Vous aurez compris la conséquence de tout ceci : cette indubitable fêlure qui sape la représentation, et la naïveté dont elle procède, nous démontrent que la figuration n'est pas une « voie authentique » pour l'artiste. Aussi Deleuze peut-il affirmer ce principe qui se veut général : « La peinture doit arracher la Figure au figuratif », toute figuration, toute représentation, est un « fourvoiement »[1]. Remarquons que si la figuration est un fourvoiement et si le but du peintre est de rendre visible des forces élémentaires, au plus un art sera loin de la figure (de la forme), de toute ligne organique, au plus il sera proche, en toute logique, de l'essence de l'art authentique. Cette démarche aurait du dès lors mener Deleuze à l'exaltation de l'art informel. Conscient de cet aboutissement logique, il a pris soin d'y répondre de la manière que nous avons envisagée plus haut : certes, l'art informel est au plus loin de la figuration et de ses principes mêmes (puisque c'est l'idée de forme elle-même, en tant que telle, qui est récusée), mais il manque de netteté, de sobriété, de cette *prudence pratique* qui tient à conserver la forme comme un mal nécessaire. Soit. Mais il n'en subsiste pas moins qu'il constitue, à tout le moins sur le plan des principes, l'« art absolu ».

L'art authentique réside donc en ceci qu'il ne représente pas. La *voie de la non figuration* apparaît dès lors comme la seule possible. Nous avons décrit plus haut quelles en étaient les modalités contemporaines[2] : art abstrait, art informel, art figural. Il s'agit à présent de les examiner sous l'angle de leur fonctionnement, de leur *modus agendi* : l'exigence fondamentale qui les travaille est de « faire fuir », de subvertir, les

1. *F.B.*, p. 13.
2. Sur la façon de procéder des peintres antérieurs, Deleuze se montre particulièrement discret.

formes instituées (visage, organismes, paysages…) puisque
leur essence même est d'excéder la figuration. Mais *comment*
dépasser celle-ci? *Comment* sortir des formes? Pour Deleuze,
le procédé utilisé par un artiste pour réussir dans cette voie
(et donc faire de l'art) est sa «machine abstraite». Celle-ci
peut donc être définie comme *l'ensemble et l'agencement des
moyens mis en œuvre par un artiste pour dépasser la figuration*. Ainsi y aura-t-il une machine abstraite-Cézanne, une
machine abstraite-Webern, une machine abstraite-Wagner[1],
etc. Et bien sûr, une machine abstraite Bacon, qui consiste en
un agencement spécifique par lequel cet auteur travaille les
strates (les formes) et ne cesse d'en faire fuir quelque chose…
Deleuze lui-même nous en donne la description suivante :

> Les machines abstraites ignorent les formes et les substances.
> Ce en quoi elles sont abstraites, mais c'est aussi le sens rigou-
> reux du concept de machine (…). Les machines abstraites
> consistent en matières non formées et en fonctions non
> formelles. Chaque machine abstraite est un ensemble consolidé
> de matières-fonctions[2].

La machine abstraite est donc «avant» toute forme ou au-delà
de celles-ci, branchée sur le moléculaire intensif d'une
manière variable selon l'artiste qu'elle caractérise.

Que «produit» cette machine? Elle produit des *diagram-
mes* : «Il y a diagramme chaque fois qu'une machine abstraite
singulière fonctionne directement dans une matière»[3]. Le
diagramme apparaît donc comme l'*actualisation ponctuelle
de la machine abstraite*. Cette dernière ayant pour fonction

---

1. Nous citons des exemples musicaux, car ils sont expressément donnés
par Deleuze, *M.P.*, p. 178.
2. *M.P.*, p. 637.
3. *M.P.*, p. 178.

de « linéariser les formes et moléculariser les contenus »,
le diagramme sera la production concrète, la subversion à
l'œuvre dans la création particulière.

Que signifie tout ceci pour la *pratique picturale*? Qu'est-
ce que la machine abstraite du peintre? C'est en quelque sorte
son « style », sa manière à lui de sortir concrètement de la
figuration. Quant à son diagramme, ce sera le procédé utilisé
dans chaque toile pour excéder la Forme, la déchirer et faire
voir l'élémentaire « derrière » elle. Le diagramme a donc à voir
avec une entreprise de démolition, de brouillage, de *dissolution* des formes : « Pour commencer un tableau, il faut qu'il y
ait un vide au milieu » disait Pierre Bonnard [1]. Il faut d'abord
perdre la Figure, perdre le champ de blé, le dissoudre en soi,
pour parvenir à capter ses forces, à déceler son rythme, et ce
point de chaos dans le tableau, *cet instant d'écroulement où se
joue la germination de l'œuvre elle-même*, n'est autre que le
diagramme : « C'est comme une catastrophe survenue sur la
toile, dans les données figuratives et probabilitaires. C'est
comme le surgissement d'un autre monde » [2]. Tous les peintres
affrontent ce moment de rupture avec les données figuratives
brutes, mais là où ils diffèrent, « c'est dans leur manière
d'étreindre ce chaos non figuratif et aussi dans leur évaluation
de l'ordre pictural à venir, du rapport de cet ordre avec ce
chaos » [3]. Deleuze distingue *trois grands types de machines
abstraites sous* l'angle de la mise en œuvre du chaos
diagrammatique :

1) Le premier type est celui de l'art abstrait. Il ne fait nul
doute que ce dernier dépasse la figuration (!) et qu'il affronte
dès lors la catastrophe des données représentatives. Toutefois,

1. Cité dans M. Le Bot, « La mort de l'art », *op. cit.*, p. 215.
2. *F.B.*, p. 65-66.
3. *F.B.*, p. 67.

cet instant d'écroulement est en quelque sorte passé sous silence dans le tableau, de telle manière que l'on ne peut y localiser le diagramme : aucune zone picturale ne porte la trace de l'abîme, aucun stigmate n'est objectivement décelable ; le chaos s'est réduit à un saut prépictural, un écroulement purement intérieur qui affecte le peintre mais dont la toile sort pudiquement indemne. Que reste-t-il, dans un Mondrian ou un Miro, des spasmes de la main, de la sourde brutalité de la matière brute, qui mord en pleine viande au travers des formes ? Le sang des esquisses est lavé, et seules subsistent les fruits lisses du chaos, la calme prospérité des formes nouvelles. Aussi la peinture abstraite apparaît-elle comme une ascèse, un « salut spirituel » : « Par un effort spirituel intense, elle s'élève au-dessus des données figuratives, mais elle fait aussi du chaos un simple ruisseau qu'on doit franchir, pour découvrir des Formes abstraites et signifiantes » [1]. En d'autres termes, la « catastrophe » des formes instituées se limite à un *frémissement prépictural et intérieur*, dont le tableau ne gardera au mieux qu'une phosphorescence ou une oscillation. Le diagramme se réduit donc au *trans-* de la transformation par laquelle on passe d'un régime de formes à un autre.

2) Le second type de machine abstraite est celle de *l'art informel*. À l'opposé de l'art abstrait, le diagramme sera cette fois extrêmement explicite, trop explicite même puisqu'il épuise cette expression picturale : « Cette fois, l'abîme ou le chaos se déploient au maximum. Un peu comme une carte qui serait aussi grande que le pays, le diagramme se confond avec la totalité du tableau, c'est le tableau tout entier qui est diagramme » [2]. Concrètement, cela signifie que la peinture trouve son principe et son essence dans l'exhibition de la matière

1. *F.B.*, p. 67.
2. *P.R.*, p. 68.

brute et de la puissance manuelle qui la travaille. Seul compte et seul subsiste le geste éperdu de la déformation réalisée sans retenue : taches de couleur projetées sur la toile, mouvements aléatoires, maculatures et brouillages. Au lieu que le « drame » diagrammatique soit une phase intériorisée précédant l'acte de peindre et ne subsistant sur la toile que « subliminalement », *il envahit ici tout le tableau*, dont il constitue l'unique « objet ». *L'action painting* porte dès lors bien son nom, puisqu'il s'agit en effet de faire de l'action, du *procédé pictural*, c'est-à-dire du *diagramme* (comme instrument par lequel on sort du figuratif pour entrer dans l'art), *l'objet même de la peinture*.

3) Le troisième type de machine abstraite est celle de *l'art figural*, incarné par la peinture de Francis Bacon, et se présente comme une sorte de « Aufhebung » des deux premières puisqu'elle entend préserver quelque chose de la sobriété abstraite tout en conservant l'intuition de l'immédiateté et de la sensation propre à l'art informel. Entre la froideur de la forme abstraite et les giclées frénétiques de *l'action painting*, Bacon développera un *usage pondéré du diagramme et une prudente préservation de certains contours* : « Il faut que le diagramme ne ronge pas tout le tableau, qu'il reste limité dans l'espace et dans le temps. Qu'il reste opératoire et contrôlé. Que les moyens violents ne se déchaînent pas, et que la catastrophe nécessaire ne submerge pas tout »[1]. Le procédé baconien sera dès lors le suivant : dessiner une figure (lui-même[2], Lucian Freud assis[3], Isabel Rawsthorne dans une rue de Soho[4]), tout en la « mutilant » simultanément par le travail

1. *F.B.*, p. 71.
2. *F.B.*, t. II, Fig. 95.
3. *F.B.*, t. II, Fig. 25.
4. *F.B.*, t. II, Fig. 42.

délétère du diagramme («nettoyage» en bleu du visage[1], brossage gris[2], marques libres vertes et noires accompagnées d'un jet aléatoire de peinture blanche[3]), qui reste toutefois limité, centré généralement sur le visage et essaimant avec modération pour tordre et boursouffler le corps, sans que jamais cependant nous ne perdions le fil de «l'état-de-fait» qui nous est présenté. Nous connaissons déjà cette stratégie deleuzienne, que Bacon illustre à merveille : *défaire les formes, mais en garder juste ce qu'il faut pour ne pas sombrer dans la folie (en vie réelle) ou le chaos frénétique de l'informel (en peinture).* Dissoudre son moi, l'organisme, le visage, mais tout en étant bien assuré qu'il renaîtra chaque matin, fidèle et pardonnant nos blasphèmes, comme un père compréhensif : il faut bien vivre, et la liberté nue ne paie pas…

Si la liberté apparaît ainsi concrètement inassumable comme telle[4], la vérité de l'anthropologie deleuzienne ne serait-elle pas dès lors à rechercher, en dernière instance, auprès du Grand Inquisiteur d'Ivan Karamazov : *les hommes sont libres*, ils créent le sens et les essences et découpent le monde qui n'est que matières et flux ; et pourtant, *leur liberté est trop lourde* : il leur faut des bourreaux, des mystères et des Autorités, tout ce qui se pose comme donné et irréfragable, à l'encontre même de leur liberté, «car ce sont des esclaves, bien qu'ils aient été créés rebelles »[5].

C'est pourquoi la forme est un mal nécessaire.

1. *F.B.*, t. II, Fig. 95.

2. *F.B.*, t. II, Fig. 25.

3. *F.B.*, t. II, Fig. 42.

4. Pratiquement, elle sera limitée à quelques rêves, quelques promenades après le travail, quelques soirées planantes, ou à l'espace bien clos d'une toile de Bacon.

5. Dostoïevski, *Les frères Karamazov*, 2ᵉ partie, Livre V, chap. 5, Paris, Gallimard, p. 350.

De l'analyse de l'esthétique deleuzienne se sont dégagées des lignes de force que nous nous proposons à présent de récapituler synthétiquement :

1) Nous avons tout d'abord constaté que le statut *second* et *contingent* reconnu à la forme dans le champ transcendantal et pratique se retrouvait avec une parfaite constance dans le champ esthétique. De même que la forme nous était apparue plus haut comme une superstructure carcérale, elle apparaît ici comme la voie de « l'inauthenticité » en Art : « l'essence » de celui-ci sera d'excéder la représentation (des formes) en présentant, en rendant sensibles, les flux intensifs grouillant « sous » les choses. Deleuze fait ainsi sienne la déclaration de Paul Klee : « L'art n'a pas pour but de rendre le visible, mais de rendre visible ». Et ce qu'il s'agit de rendre visible n'est autre que cet *élémentaire* dont l'exposé du transcendantal nous a révélé les arcanes, c'est-à-dire un complexe de matériau (corpuscules, singularités…) et d'énergie (ondes, flux, forces…). Tel est donc l'« objet » de l'art, sa sphère de légitimité. Toutefois tel n'est pas son dessein, car si l'art a en effet le moléculaire pour objet, ce n'est pas tant pour l'éminence esthétique ou la Beauté que lui "insufflerait ce dernier, mais bien plutôt en ce que son dévoilement est seul susceptible de nous frapper de plein fouet et de nous *emporter sur la voie d'un devenir réel*. Nous savons en effet que pour Deleuze l'art n'est pas « causa sui », mais puise son principe et sa pertinence hors de lui, dans son efficacité à mouvoir notre existence concrète (« Il s'agit d'en sortir, non pas en art (…) mais en vie, en vie réelle »[1]). L'art n'est en fin de compte qu'un *instrument*[2] révélant à l'homme la contingence des formes et l'aformalité foncière du monde : il lui révèle ainsi sa *liberté*, son devenir-

1. *M.P.*, p. 229.
2. *M.P.*, p. 230.

imperceptible et la splendeur du «ON», mais également la *prudence* de «bonus pater familias» avec laquelle il faut procéder. Cette «essence» de l'art s'est historiquement révélée dans l'art égyptien, puis, d'une manière plus précise, dans l'art gothique («barbare») et l'art baroque (ce qui ne signifie évidemment pas pour Deleuze que tout le reste n'est «pas» de l'art : c'en est incontestablement, mais «moins efficace»). Toutefois, elle ne trouvera son expression optimale (qui est aussi son avènement à la conscience de soi) qu'avec le «tournant post-romantique» et l'art moderne : *l'artiste moderne découvre l'onde et le corpuscule, la force et le matériau, comme réalité première qu'il convient de rendre visible.* Le monde de la représentation, dont l'art nomade ou barbare avait déjà pressenti l'arbitraire et la contingence, l'artiste moderne en connaît (par la science) et en éprouve (par les manipulations techniques) l'incroyable fragilité : le moléculaire comme vérité du monde et la chute des essences comme vérité de l'homme («Je suis de trop pour l'éternité») : c'est à la révélation de cet état-de-fait qu'il doit désormais s'atteler. Pour conclure sur ce point, nous dirons que deux normes régiront son travail : le *souci de l'aformel* (présenter des forces) et le *souci conjoint de l'efficience concrète* (peindre la sensation). C'est en raison de ce double souci que Deleuze préférera en fin de compte la notion d'«artisan cosmique» à celle d'artiste[1], trop liée à la représentation des formes et au «spectaculaire».

2) La seconde notion qui a été dégagée au cours de cet exposé est celle de *proximité*, qui apparaît comme le complémentaire de l'aformalité : *forces et présence ne peuvent être pensées que simultanément, de la même manière que forme et*

---

1. *M.P.*, p. 426 : «Être un artisan, non plus un artiste, un créateur ou un fondateur, c'est la seule manière de devenir cosmique».

représentation. Nous avons vu en effet que le ciselage d'une forme, le tracé d'un « contour limitatif », creuse nécessairement une distance entre ce qui est ainsi découpé et ce sur quoi cela se découpe (Forme et Fond). Cette distance est tout à la fois matérielle (distance objective des formes) et signifiante (distance subjective : un sens, un rôle, une connotation est attribuée à la forme représentée). Qui dit forme dit donc tout à la fois profondeur de champ (intérieure à l'œuvre) et intervalle « théâtral » (entre l'œuvre et le spectateur, décollé de celle-ci par l'interposition du sens ou de la narration). Contestant la forme, l'art « deleuzien » se devait de répudier la distance : peindre les forces, la sensation, implique (fût-ce comme horizon) la *fusion du sentant et du senti*. Aussi l'œuvre d'art doit-elle nous pénétrer intimement, agir sur nous le plus directement possible ; la médiation formelle sera réduite au minimum.

3) Enfin, nous avons tenté de cerner ce qu'il en était du *processus* pictural, qui nous est apparu comme un processus ambivalent où la forme est tout à la fois *convoquée* et *pervertie* par un travail de dé-formation saisi sur le vif. L'intelligibilité peut selon nous en être apportée par sa décomposition en *trois moments logiques*, selon un schéma que nous avons précédemment appliqué au discours théorique et pratique sur la forme en général :

– dans un *premier temps*, c'est la forme instituée de l'objet que le peintre veut atteindre qui se manifeste sur la toile, avec son cortège de corrélats et de connotations. C'est ce que Deleuze nomme le « cliché » : le peintre commence toujours par se débattre avec du figuratif et de la narration. Le premier temps de toute œuvre est donc celui de la *forme* ou de la *représentation*. Aussi Bacon commence-t-il par dessiner le corps avant de le déchirer par le brossage ou les marques libres d'un diagramme[1]. Cela explique son rapport ambigu à la photographie[2], puisqu'il s'entoure de photos et fait des portraits d'après celles-ci[3], mais a en même temps une hostilité voilée à leur égard[4]. Cette ambiguïté s'éclaircit dès lors qu'on distingue ce premier temps représentatif inhérent à tout acte de peindre : aucun artiste ne peut faire l'économie de ce « détour » par le monde, quand bien même s'en défendrait-il. Ce premier moment est implicitement confirmé par Deleuze lorsqu'il affirme que

> toute l'attitude de Bacon est celle d'un rejet de la photo, après le lâche abandon. C'est que, pour lui précisément, la photo était d'autant plus fascinante qu'elle occupait déjà tout le tableau, avant que le peintre se mette au travail (…). Il valait mieux s'abandonner aux clichés, les convoquer tous, les accumuler, les multiplier comme autant de données prépicturales[5].

– Le *deuxième temps* qui survient alors est celui de la « catastrophe » que nous évoquions plus haut : tout sombre dans la fusion du sentant et du senti, *toutes les formes du monde se dissolvent dans cette proximité solaire de la sensation* dont parlait Cézanne. C'est le moment du *diagramme* qui prolifère

---

1. Il est vrai que Bacon ne fait pas d'esquisse (Francis Bacon, *L'art de l'impossible*, *op. cit*, p. 48), mais il fait ses tableaux à partir d'une image précise (le plus souvent, une personne) qu'il a rencontrée (*ibid.*, p. 60), et qu'il tente *ensuite* de *refondre* irrationnellement (*ibid.*, p. 61). Puis, pour consacrer ce travail de déformation, surgit le diagramme *sensu stricto*.

2. *F.B.*, p. 59-60 ; Francis Bacon, *L'art de l'impossible*, *op. cit.*, p. 112-113.

3. *Cf.* par ex. la série des Papes. Il s'est également inspiré des photos de Muybridge décomposant le mouvement humain, ainsi que de photos médicales. Francis Bacon, *op. cit.*, p. 70-71.

4. C'est son hostilité à l'égard de l'illustration, constante dans ses entretiens avec David Sylvester, *op. cit.*

5. *F.B.*, p. 60.

sur la toile et dans la tête du peintre, et tout le drame de l'art informel sera, selon Deleuze, de n'avoir pas su le dompter.

– Enfin, de cette « catastrophe », de ce chaos diagrammatique, naît la Figure authentique, proche, soumise à l'élémentaire qu'elle dévoile dans sa chair meurtrie comme le stigmate de son élection. C'est le *figural* baconien : de la mort de la forme naît la vérité du devenir-viande et du devenir-imperceptible. Les forces tapies au cœur des choses sont révélées aux hommes et se connectent à leurs propres forces : fluidité, liberté, contingence des contours linéaires emportés dans la dialectique du lisse (béni) et du strié (maudit, mais nécessaire).

De ce schéma en trois temps constitutif et explicatif de l'acte de peindre (comme il l'était déjà, *mutatis mutandis*, du rapport ambigu de Deleuze à la forme), nous trouvons une illustration particulièrement explicite dans la manière dont notre auteur appréhende *l'écriture de Proust*. Son analyse, développée dans *Proust et les signes*[1] est résumée comme suit dans *Mille Plateaux* :

> Trois moments dans l'histoire Swann-Odette. D'abord, tout un dispositif signifiant s'établit (…). C'est cela l'esthétisme, l'amateurisme de Swann ; il faut toujours que quelque chose lui rappelle autre chose, dans un réseau d'interprétations sous le signe du signifiant (…). Tout ce dispositif de signifiance, dans un renvoi d'interprétations, prépare le second moment, subjectif, passionnel, où la jalousie, la quérulance, l'érotomanie de Swann vont se développer. Voilà maintenant que le visage d'Odette file sur une ligne qui se précipite vers un seul trou noir, celui de la Passion de Swann. Les autres lignes aussi, de paysagéité, de picturalité, de musicalité, se hâtent vers ce trou catatonique et s'enroulent autour, pour le border plusieurs fois. Mais, troisième moment, à l'issue de sa longue passion, Swann

1. Paris, PUF, 1964, éd. augmentée 1970.

va dans une réception où il voit d'abord le visage des domestiques et des invités se défaire en traits esthétiques autonomes ; comme si la ligne de picturalité retrouvait une indépendance, à la fois par-delà le mur et hors du trou noir. Puis c'est la petite phrase de Vinteuil qui retrouve sa transcendance et renoue avec une ligne de musicalité pure, encore plus intense, asignifiante, asubjective [1].

Ce texte est selon nous le condensé le plus révélateur de la démarche esthétique deleuzienne, puisqu'il récapitule tout à la fois le *processus dynamique de la création* (convocation de la forme et du sens, diagramme, avènement du figural) et la *description statique de l'essence de l'Art* (idée de déformation, d'aformalité, d'asubjectivité et d'asignifiance, idée de ligne et d'intensité, et enfin ancrage concret puisque l'enjeu est le « salut » de Swann, et à travers lui, de Proust lui-même [2]).

---

1. *M.P.*, p. 227-228.

2. Remarquons que ce schéma en trois temps n'est autre, dans son principe, que le traditionnel schéma Forme originaire-destruction-avènement d'une Forme nouvelle plus authentique. Ce processus constitue l'épure de toute initiation, voire même de toute « création » : Ainsi, dans le Judaïsme, le monde doit-il périr dans sa forme première pour renaître sous une forme véritablement conforme aux plans de Dieu, L. Askenazi, « L'ange dans la tradition kabbaliste juive », dans *Anges, démons et êtres intermédiaires*, Actes du troisième colloque tenu le 13 et 14 janvier 1968, à Paris, Tours la Bergerie, 1968, p. 209. Le baptême chrétien reprend ce même processus ternaire. N'est-ce pas d'ailleurs la structure même de la démarche philosophique ? À l'univers des formes de la *doxa* succède la catastrophe du *taumazein* et la mise en place (toujours à reprendre) d'un ordre plus « authentique ».

Chapitre II

L'ESTHÉTIQUE MUSICALE

Notre exposé sur l'esthétique musicale deleuzienne sera beaucoup plus bref que celui qui a été consacré à l'esthétique picturale, et ce pour une double raison : la première est que Deleuze lui-même ne l'a pas développée et thématisée comme il l'avait fait pour cette dernière, puisqu'aucun ouvrage ni chapitre ne lui est exclusivement consacré. Ne souhaitant pas procéder à des extrapolations incertaines, nous nous bornerons aux idées qui peuvent lui être certainement attribuées à ce sujet. La seconde raison réside en ce que, les principes esthétiques généraux ayant été exposés à l'occasion de l'étude de l'esthétique picturale, nous n'aurons plus à y revenir ici et nous nous limiterons à l'exposé des lignes de force spécifiques de l'esthétique musicale deleuzienne telle que nous pouvons la penser à partir des écrits actuels.

PEINTURE ET MUSIQUE

Avant d'aborder l'esthétique musicale proprement dite, il nous faut tout d'abord envisager le rapport que Deleuze établit entre peinture et musique. Le premier principe qui régit ce rapport est le *rejet du concept d'Art sensu lato* comme subsumant dans un système organisé les différents modes d'expression ou arts *sensu stricto* : « Nous ne croyons nullement à un système des beaux-arts, mais à des problèmes très différents qui trouvent leur solution dans des arts hétérogènes. L'Art nous paraît un faux concept, uniquement nominal » [1]. La récusation de ce système et de ce concept peut se revendiquer d'un double fondement ; *d'une part*, l'idée même d'un système, d'une structure totalisant et organisant les différents arts, leur conférant une sphère de légitimité ou une définition limitative, paraît peu conciliable avec les conceptions deleuziennes. À l'hostilité « spontanée » à l'égard de toute systématisation en tant que nécessairement totalisante (et donc impliquée dans la Représentation), s'ajoute le fait qu'une telle architectonique irait à l'encontre de l'ambition de multisensorialité que doit poursuivre, selon notre auteur, toute œuvre véritable : cloisonnant les expressions, un système des beaux-arts cloisonnerait *de facto* les perceptions, les sensations, empêchant ainsi l'artiste d'atteindre et de nous présenter le rythme d'un état-de-fait pictural [2]. Ainsi, nous avons vu comment la pomme de Cézanne ou la figure baconienne n'était pas seulement une œuvre s'adressant à l'œil, mais plutôt à tous les sens : vision haptique, qui met en cause le toucher et toute la sensibilité, tout le système nerveux, dans une proximité fusionnante du sentant et du senti, bien au-delà de la ségrégation des sens. Et cette ambition de multisensorialité, nous la retrouvons à l'œuvre chez le musicien qui servira de point d'ancrage à l'esthétique musicale deleuzienne, à savoir Pierre Boulez ; dans un article

1. *M.P.*, p. 369.
2. À ce sujet, cf. *supra*.

intitulé «l'écriture du musicien, le regard du sourd?»[1], le
compositeur nous invite en quelque sorte à «décloisonner»
nos sens et à rendre sa part à l'œil dans le travail musical (ne
plus faire de l'écriture un «obstacle dans l'idéal d'une trans-
cription parfaite», mais restituer à cette dimension visuelle sa
pleine dignité). La musique se fait avec des sons, mais
également avec de l'écriture, des gestes et des concepts[2]. Cette
préoccupation surgit également au cœur de ses œuvres musicales : ainsi, dans *Domaines*[3], le compositeur tente de réaliser
la synthèse des structures spatiale et temporelle, en distinguant
des groupes d'instruments (six groupes) distribués dans
l'espace et entrant en relation par l'entremise d'une clarinette
solo qui se «déplace» de l'un à l'autre. Dans le commentaire
qui accompagne l'enregistrement, Bridgman souligne que

> chaque groupe possède ainsi une forte individualité auditive,
> *visuelle* et stylistique. Dans la première partie (…) la clarinette-
> protagoniste suscite la réponse de chacun des groupes qui
> possèdent leur topologie particulière. Les quatre trombones
> du groupe A émettent des blocs sonores qui paraissent consti-
> tuer le soubassement en pierres polygonales d'une forteresse
> pélasgique. Les cordes du groupe B sont fluides et *mobiles*[4].

L'ambition de multisensorialité, tentant en l'occurrence de
dépasser l'auditif vers l'englobement du visuel, paraît
frappante. Elle apparaît par ailleurs dans les concerts publics

---

1. *Critique* n°408, 1981, p. 443. Le titre lui-même expose déjà un chiasme
entre le visuel et l'auditif.

2. P. Boulez, «L'écriture du musicien, le regard du sourd?», *Critique*
n°408, 1981, p. 443.

3. P. Boulez, *Domaines*, enregistrement réalisé par l'ensemble «musique
vivante» pour Harmonia Mundi France, CD 190930.

4. Bridgman, commentaire accompagnant l'enregistrement cité, p. 4. C'est
nous qui soulignons.

de Boulez, où ce dernier affectionne de répartir l'orchestre dans l'espace tout autour du public[1]. Ne pourrait-on dès lors parler à son sujet *d'audition haptique*, comme on parlait en peinture de vision haptique lorsque l'œuvre entendait excéder la pure sphère de l'œil?

L'art, tel que le conçoit Deleuze, se veut donc multi-sensoriel (quand bien même y aurait-il toujours un « point de captage » perceptif privilégié), transversal, impliquant toutes les fonctions perceptives en ce qu'il entend précisément les « transcender » et incruster au plus profond de nous une force ou un rythme. On comprendra dès lors aisément qu'il ne peut être question d'un système des beaux-arts, entérinant en tant que précisément il la fonde, le cloisonnement classique des « cinq sens ».

D'autre part, le second fondement du rejet de l'Art comme concept subsumant ses expressions particulières dans un système, réside en ce qu'un tel système ferait de l'art une *sphère autonome*, une fin en soi, fonctionnant avec ses propres exigences, ses propres exaltations, ses propres devenirs. Or, nous savons que cette assomption de l'art comme monde en soi et lieu de salut est dénoncée par Deleuze : « Il s'agit d'en sortir, non pas en art, c'est-à-dire en esprit, mais en vie, en vie réelle (…). L'art n'est jamais une fin, il n'est qu'un instrument pour tracer les lignes de vies »[2]. L'art n'a donc pas de « valeur » en soi, il n'est qu'un *moyen*, la machine qui va enclencher nos devenirs. Aussi ne faut-il pas le clore dans un système, le couper de la vie (qui est sa raison d'être) en lui attribuant une sphère spécifique, mais au contraire l'appré-hender et l'utiliser pour ce qu'il est, une force de déterrito-

---

1. *Cf.* le concert qu'il a donné au festival d'Avignon 1988.
2. *M.P.*, p. 229-230.

rialisation en vie réelle, un outil à ouvrir les formes pour nous
en faire goûter le « contenu » moléculaire…

L'Art comme totalité est donc un faux concept. Ce qui
n'empêche pas, ajoute aussitôt Deleuze, les arts particuliers
d'exister. Certes, répétons-le, on ne peut établir entre eux
aucune correspondance symbolique ou structurale. Toutefois,
si l'art doit être considéré comme une force de déterritorialisation, il nous reste le loisir de *comparer leur « puissance »
respective*, leur efficience pratique spécifique. Et cette compa-
raison tourne chez Deleuze instantanément en faveur de la
musique :

> La seule manière de ranger les deux problèmes, de la peinture et
> de la musique, c'est de prendre un critère extrinsèque à la fiction
> d'un système des beaux-arts, c'est de comparer les forces de
> déterritorialisation dans les deux cas. Or il semble que la
> musique ait une force déterritorialisante beaucoup plus grande,
> beaucoup plus intense et collective à la fois, et la voix une
> puissance d'être déterritorialisée beaucoup plus grande aussi [1].

Il y a donc une *supériorité pratique* de la musique sur la
peinture. Pourquoi donc? Une fois de plus, la raison nous
paraît double :

1) D'une part, le *peintre* apparaît plus engoncé dans la
matière que ne l'est le musicien : il travaille avec de l'huile,
des pâtes colorées, qu'il étale sur la toile et qu'il triture avec
des pinceaux, des truelles et des chiffons. C'est un travail sur le
matériau, destiné à capter les forces de la terre : force de plissement des montagnes chez Cézanne, spasme de la viande chez
Bacon, force de germination d'un tournesol chez Van Gogh…
La sensation est atteinte en suscitant la présence brute de la
matière, l'immédiateté haptique des lignes et des couleurs. La

---

1. *M.P.*, p. 371. Dans le même sens, *M.P.*, p. 372 et 429; *F.B.*, p. 38.

peinture est un corps à corps : du peintre avec la chair du monde, de la toile avec notre œil et tous nos sens. *En musique*, par contre, la proximité est assurée d'une autre manière : le son n'a pas d'épaisseur, pas de matérialité ; c'est une onde pure, une *pure intensité*. Le musicien travaille la texture la plus désincarnée qui soit : le temps et l'onde sonore [1]. Il tisse dans l'éther les hauteurs et les durées, les timbres et les intensités : cathédrales spirituelles... Aussi, si l'on peut parler de corps sonores dans la musique, ou même de corps à corps, c'est un corps à corps immatériel et désincarné, où ne subsiste pas « un seul déchet de matière inerte et réfractaire à l'esprit » [2]. N'ayant à faire qu'avec une onde pure, une intensité sans mélange, la musique apparaît dès lors beaucoup plus *ductile*, beaucoup plus fluide, que ne l'est la peinture : rien, aucune viscosité du matériau, aucune exiguïté spatiale (la toile ou le panneau), aucune réticence musculaire (le geste du peintre), ne vient freiner l'agilité de ses courbes. La ligne, pour autant qu'on fasse sauter les verrous conventionnels, est absolue (*absoluta*), cosmique, illimitée : « C'est une ligne phylogénique, un phylum machinique, qui passe par le son, et en fait une pointe de déterritorialisation (...). Le son nous envahit, nous pousse, nous entraîne, nous traverse » [3]. Terrible puissance de la musique, filant à toute vitesse (une vitesse moléculaire incroyable, même dans un *largo*) vers l'imperceptible, ligne pure, d'autant plus efficace, d'autant plus musicale qu'elle sera asignifiante, asubjective, aformelle.

Cette immatérialité vibrante, cette fluidité de la ligne musicale par rapport à la relative lourdeur charnelle du tracé

---

1. Même si comme Boulez, il tentera parfois de donner une dimension spatiale, visuelle, à ses œuvres par des procédés particuliers.

2. Proust, cité par Deleuze, *F.B.*, p. 38.

3. *M.P.*, p. 429.

pictural, nous en retrouvons l'indice dans la peinture elle-
même par la confrontation de deux « styles » de figuralisme
(au sens deleuzien du terme) : celui de Bacon ou de Cézanne
d'une part, et celui de Klee, le plus musicien des peintres [1],
d'autre part. Si l'on considère, comme le soutient Deleuze, que
leur ambition fondamentale est identique (peindre les forces),
on remarquera immédiatement la divergence foncière de leur
démarche respective : alors que Bacon et Cézanne, peintres à
l'« état pur » si l'on peut dire (contrairement à Klee qui était un
violoniste virtuose), exhibent les forces par la présence d'une
matière épaisse et torturée [2], la proximité lourde de couleurs
intenses presque opaques, dégageant une impression de puissance ancrée dans la terre et dans la chair crue (humaine ou
végétale…), Paul Klee procède tout autrement, d'une manière
qui évoque le musicien qu'il était tout d'abord : la matière est
fine, les couleurs sont légères, sans contours, et la ligne court
sur cette texture comme un solo de flûte sur une basse continue, traçant les formes tremblées de voiliers dans un port [3] ou
d'une machine à gazouiller [4]. C'est à la fois plus précis (par la
finesse du tracé), plus léger (par la couleur) et plus évanescent
(par l'aspect inachevé, « ouvert », de l'ensemble) que les
œuvres d'un Cézanne ou d'un Bacon. On y gagne en frisson ce
que l'on perd en sensation : c'est une peinture qui est et se

1. Sur cette question, *cf.* « Klee et la musique », catalogue de l'exposition
qui a eu lieu sur ce thème au centre Georges Pompidou à Paris, du 10 octobre
1985 au 1er janvier 1986; *cf.* également A. Kagan, *Paul Klee, art and music*,
Cornell University Press, 1983.

2. Pour Cézanne, *cf.* par ex. le « portrait de Victor Choquet », 1877, Gallery
of fine arts, Colombus, Ohio; et aussi le « portrait de moine », 1866, Coll.
Haupt, New York.

3. Klee, « Voiliers dans un port », Musée national d'Art Moderne, Paris.

4. Klee, « La machine à gazouiller », 1922, Museum of Modern Art, New
York.

voulait la plus musicale… « L'une des contributions les plus éclatantes de Klee fut de définir avec précision comment la peinture pouvait être moins sculpture et davantage musique »[1]. Cette « ambivalence » fondamentale de l'œuvre de Paul Klee explique peut-être en partie pourquoi Deleuze, qui en faisait une de ses références picturales principales dans *Mille Plateaux*, n'y ait plus fait qu'une seule brève allusion dans la *Logique de la sensation* : il entend en effet s'y consacrer à la peinture en tant que telle, à l'exclusion de toute embardée du côté de la musique.

Remarquons que, nonobstant les indéniables points de convergence qui unissent Deleuze et Klee, une *divergence* peut cependant être décelée dans la correspondance structurale et « organique » que Klee établit entre peinture et musique[2], son désir d'en dégager les principes communs et sa volonté « romantique » d'atteindre à un Art absolu qui réfléchirait l'ordre fondamental de l'Univers[3]. Autant de caractères qui séparent Klee de la conception deleuzienne de l'art moderne comme affirmation pure des divergences et des dissonances, et construction libre d'événements sur l'espace lisse de la matière. Ils pourraient par contre fonder un rapprochement entre Klee et le Baroque, ainsi qu'en atteste par ailleurs son attachement exclusif pour la musique de Jean-Sébastien Bach à Mozart (qui est, comme nous le verrons plus loin, une musique fondée sur un temps pulsé, la tonalité, la superposition des plans et des formes…). Un tel rapprochement supposerait alors une lecture du Baroque qui mette au premier plan la

1. Kagan, *op. cit.*, cité dans « Klee et la musique », p. 11.

2. « Klee et la musique », *op. cit.*, p. 23 et 29.

3. « Klee et la musique », p. 21. Sur Klee et le Romantisme, voir J. Glaesemer, « Klee and german romanticism », dans *Paul Klee*, New York, Éditions Lanchner, 1987, p. 65.

multiplication des principes, l'importance de l'ordre et de l'harmonie (préétablie) etc. La connection entre Klee et le Baroque s'établirait alors sur leur commune exaltation de l'architectonique. On se doute bien que ce n'est pas là l'hypothèse retenue par Gilles Deleuze : sans nier l'importance de ces éléments d'ordre et d'harmonie[1], il considère toutefois que le concept opératoire du Baroque est le concept de pli comme événement affectant un matériau. Le Baroque est dès lors l'art informel par excellence[2], en ce qu'il exalte précisément la matière et ses flux : « au sol, au ras du sol, sous la main, il comprend les textures de la matière (les grands peintres baroques modernes, de Paul Klee à Fautrier, Dubuffet, Bettencourt…) »[3]. Ainsi, pour Deleuze, si Klee peut être qualifié de baroque, ce n'est plus en raison de l'importance octroyée à l'ordre et à la stucture, mais au contraire en raison du primat du matériau, c'est-à-dire de l'aformel. Les deux hypothèses sont donc : *soit* on définit le Baroque par la prévalence de l'harmonie, de l'ordre, d'un certain « formalisme » ; et l'on établit la liaison avec Klee sur cette base, ce qui a pour conséquence d'éloigner ce dernier de la définition deleuzienne de l'art moderne. *Soit* on définit le Baroque par le pli et la prévalence simultanée du couple matériau-force sur le couple forme-matière (ce qui ne signifie pas que l'on nie la forme, ainsi que nous l'avons établi plus haut) ; et l'on fonde alors l'appartenance de Klee au Baroque (ou plus précisément au Néobaroque) sur cette assomption du matériau et de ses

---

1. Le pli est le concept opératoire du Baroque. L'harmonie, la sélection, la hiérarchie, distinguent seulement le Baroque (ancien) du Néo-Baroque (moderne).

2. *Le Pli*, p. 49.

3. *Ibid.*

événements (c'est-à-dire, picturalement, le jeu des lignes). La question reste incontestablement à débattre…

Si nous en revenons aux relations générales de la peinture et de la musique, nous comprendrons à présent aisément pourquoi cette dernière jouit de la prévalence : *agissant dans l'immatérialité ductile du son, elle est beaucoup plus fluide, plus libre et donc beaucoup plus « efficace » que la peinture, toujours retenue en quelque manière par l'épaisseur du matériau et les limites du support*. Considérées sous le rapport de leur aptitude à « faire fuir » les formes, nous dirons dès lors que la peinture opère une fuite « par le bas », vers la matière brute des corps, vers l'élémentaire appréhendé comme *matériau* ; alors que la musique opère au contraire une fuite « par le haut », vers l'énergie pure qui anime ces mêmes corps, vers l'élémentaire dans sa dimension d'*intensité*. Plus concisément encore, ces deux modes d'expression se polarisent respectivement sur chacun des termes du couple de complémentaires fondamental, à savoir la musique sur la force et la peinture sur le matériau. Cette idée trouve une confirmation plus ou moins explicite dans la *Logique de la sensation* :

> D'une certaine façon, la musique commence là où la peinture finit, et c'est ce qu'on veut dire quand on parle d'une supériorité de la musique. Elle s'installe sur des lignes de fuite qui traversent les corps, mais qui trouvent leur consistance ailleurs. Tandis que la peinture s'installe en amont, là où le corps s'échappe, mais s'échappant, découvre la matérialité qui le compose, la pure présence dont il est fait et qu'il ne découvrirait pas sinon[1].

Cette bipolarité (peinture/matière – musique/force) explique que la peinture soit liée à l'*hystérie*, comme symptomatologie

---

1. *Ibid.*

avant tout physique [1], tandis que la musique relèverait plutôt de la *schizophrénie*, comme symptomatologie avant tout « psychique » [2].

2) D'autre part, le second motif que l'on peut alléguer dans une optique deleuzienne pour justifier la supériorité de la musique, réside en ce que la *peinture* est traditionnellement, mais aussi intrinsèquement, *plus liée à la représentation* que la musique, qui est plus abstraite. Étant plus aisément « représentative » (illustrative/narrative), il est certain, nous dit Deleuze, « qu'elle fait moins peur », et il en résulte que « même ses rapports avec le capitalisme, et avec les formations sociales, ne sont pas du tout du même type » [3]. En d'autres termes, pour une société (la société occidentale) traditionnellement fondée sur la primauté de la vision [4], la peinture apparaît plus aisément « compréhensible » et contrôlable que ne l'est la musique, dont la puissance et l'insaisissabilité l'intriguent et l'inquiètent tout à la fois. D'où le statut social ambigu des musiciens (à tout le moins jusqu'au dix-neuvième siècle), puisqu'ils étaient associés à toutes les célébrations importantes (messes, couronnements…) mais avaient simultanément le statut de domestique [5], ce qui n'était pas le cas des peintres.

---

1. Cela apparaît dans le terme même d'hystérie, qui vient du grec ustera (latin : uterus), car on croyait que l'hystérie était provoquée par la remontée de l'uterus dans la gorge.

2. *Cf.* le terme même de *schizophrénie*, *F.B.*, p. 38.

3. *M.P.*, p. 372.

4. *Cf.* le terme de théorie (*theorein*, regarder), idée (*eidon*, l'image) lumière de la raison etc…

5. Au XVIIIe siècle, les musiciens mangeaient à l'office et portaient la livrée. On connaît à cet égard les déboires de Mozart et de l'archevêque Coloredo.

Cette dimension à la fois «marginale» et terriblement efficace de la musique (c'est avec des tambours qu'on emporte les peuples) conforte sa primauté aux yeux de Deleuze.

TEMPS LISSE ET MUSIQUE FLOTTANTE

Ayant considéré au point précédent la musique d'un point de vue *extrinsèque* (son ambition pratique, sa supériorité par rapport à la peinture), il nous faut à présent nous tourner vers l'analyse *intrinsèque* dont elle est redevable dans l'optique deleuzienne. Deux axes fondamentaux peuvent à cet égard être distingués : le premier concerne la conception du *temps musical* lui-même, et met aux prises un temps *pulsé* et un temps *non pulsé*. Le second porte sur la conception et la composition de l'œuvre elle-même, et oppose une musique fonctionnelle et une musique flottante. Nous nous proposons de les envisager successivement :

Temps pulsé et temps non pulsé

Si l'espace constitue le «cadre *a priori*» de la sensibilité plastique, le temps constitue à son tour le «cadre *a priori*» de la sensibilité musicale, puisque «la compréhension d'une œuvre musicale est soumise à son déroulement dans le temps»[1]. Or nous avions constaté à l'occasion de l'examen de l'esthétique picturale deleuzienne que notre auteur distinguait deux lectures de l'espace : l'espace lisse (tributaire d'une vision haptique) et l'espace strié (lié à une vision optique). Cette bipartition marquera également son esthétique musicale,

---

1. *Science de la musique*, Dictionnaire réalisé sous la direction de M. Honnegger, Paris, Bordas, 1976, voir «Temps musical».

puisque nous y verrons à l'œuvre deux conceptions du temps : le temps pulsé (indexé négativement comme l'était l'espace strié) et le temps non pulsé (indexé positivement comme l'espace lisse). Nous percevons d'ores et déjà la symétrie de cette double opposition : à l'espace lisse, c'est-à-dire dénué de quadrillage métrique et formel, parfaitement *alimité* et fluide (espace nomade de toutes les connexions), répondra le temps non pulsé, qui, comme l'indique le terme même, se caractérise globalement par l'absence de *pulsation*, c'est-à-dire de striage métrique, de mesure déterminée, de formalisation génératrice de tempo ou inhérente à celui-ci.

Cette double bipartition, du temps et de l'espace, est empruntée à l'arsenal conceptuel boulezien[1]. Pierre Boulez distingue en effet deux appréhensions possible du continuum spatial[2], fondées sur deux types de coupures : « l'une, définie par un étalon, se renouvellera régulièrement ; l'autre, non précisée, non déterminée (…), interviendra librement et irrégulièrement »[3]. Lorsque la coupure de l'espace est *déterminée*, on parlera d'espace *strié* : « Le tempérament – le choix de l'étalon – striera en somme la surface, l'espace sonore, et donnera à la perception (…) les moyens de se repérer utilement »[4]. Ainsi, l'espace sonore est généralement strié par un tempérament (dit « égal ») procédant par demi-tons. Lorsque la coupure sera par contre *indéterminée*, c'est-à-dire libre de s'effectuer n'importe où, on parlera d'espace *lisse* : « L'oreille perdra tout repère et toute connaissance absolue des intervalles, comparable à l'œil qui doit estimer les distances sur

1. P. Boulez, *Penser la musique aujourd'hui*, Paris, Gonthier, 1963. Maldiney s'y réfère également, *op. cit.*, p. 158-159.

2. Il s'agit ici de l'espace des fréquences, c'est-à-dire du tempérament.

3. P. Boulez, *op. cit.*, p. 95.

4. *Ibid.*

une surface idéalement lisse »[1]. Le principe de ces notions d'espace lisse et strié sera repris et généralisé par Deleuze de la façon que nous avons examinée plus haut.

Après avoir ainsi défini ces deux conceptions de l'espace, Boulez les transpose aussitôt au temps musical en distinguant le temps pulsé (ou temps strié) et le temps amorphe (ou temps lisse)[2]. Le temps *pulsé* se caractérise par le fait que « les structures de la durée se référeront au temps chronométrique en fonction d'un repérage, d'un balisage régulier ou irrégulier, mais systématique : la pulsation »[3]. Cette notion boulezienne rejoint en fait la notion classique de *tempo*, telle qu'elle est issue du développement de la polyphonie en occident. Le tempo est traditionnellement défini comme ce qui « sert à désigner le mouvement dans lequel s'exécute une pièce musicale qui prend appui sur les cadres fixes de la mesure »[4]. À l'origine, le tempo servant de base à l'exécution était calqué sur la marche humaine, voire même sur les pulsations du cœur. Toutefois de tels repères parurent très tôt insuffisament rigoureux, et on en vint à prendre pour référence le temps des horloges (au dix-septième siècle), l'indication du « type » de tempo étant généralement mentionné en italien (*largo, adagio, andante...*). Au dix-neuvième siècle, l'usage des termes italiens sera concurrencé par l'indication du temps métronomique (on mentionne en début de partition le nombre de pulsations-minute que doit accomplir le métronome), ce qui accroît encore la précision. L'indication précise du tempo couplée au striage visuel de la partition par les barres de

---

1. P. Boulez, *op. cit.*, p. 96.

2. P. Boulez, *op. cit.*, p. 99. P. Boulez, *Par volonté et par hasard, entretiens avec Célestin Deliège*, Paris, Seuil, 1975, p. 89.

3. Boulez, *Penser la musique aujourd'hui, op. cit.*, p. 99.

4. *Science de la musique, op. cit.*, voir « Tempo ».

mesure (qui opèrent un compartimentage du flux rythmique en subdivisions de durée égale) aboutit à l'établissement d'un temps rigoureusement pulsé[1], qui sert en quelque sorte de *structure portante* sur laquelle va se déployer l'œuvre musicale. Le tempo (temps strié) est traditionnellement considéré comme « ce qui donne à une œuvre musicale son véritable caractère »[2]. Quant à la mesure, elle est également jugée indispensable à toute musique « élaborée », puisque Viret[3] constate que « le rythme libre, non mesuré, a pratiquement disparu en occident (…) en raison du développement de la polyphonie, la synchronisation des parties simultanées nécessitant un cadre rythmique régulier »[4]. En d'autres termes, cette double structure, « interne » (le tempo, inhérent à l'œuvre elle-même) et « externe » (la mesure, indispensable à son exécution), parait avoir caractérisé la musique occidentale tout au long de son efflorescence. Soulignons qu'il n'en va pas de même des musiques extra-européennes : Viret remarque en effet que l'Inde et l'aire arabo-islamique font usage du rythme libre, spontané et non mesuré. Boulez s'y réfèrera d'ailleurs expressément lorsqu'il développera sa conception du temps amorphe[5].

---

1. Par exemple si le tempo est de 60 au métronome, cela signifie qu'on joue 60 noires par minutes, soit une par seconde, ce qui indique la « vitesse générale du morceau ». Si la mesure est ternaire il y aura l'équivalent de trois noires par mesure. La musique est donc « pulsée » par un double striage, l'un (le tempo) étant intrinsèque à l'œuvre, l'autre (la mesure) étant une structure extrinsèque destinée avant tout à l'interprète.

2. *Science de la musique*, voir « Tempo ».

3. *Science de la musique*, voir « Mesure ».

4. Ce qui situe sa disparition aux environs du 9e siècle.

5. Boulez, *Par volonté et par hasard, op. cit.*, p. 87. On sait également que Deleuze aussi aime s'y référer : *cf.* l'importance des nomades, *cf.* aussi l'introduction à *M.P.*, p. 29-30.

Ce tempo classique ou *temps pulsé* présente dans l'analyse qu'en donne Boulez deux caractéristiques fondamentales : la première est sa dimension *striée*, c'est-à-dire présentant des *repères auditifs* (« des appuis harmoniques, des phénomènes de répétition plus ou moins voulus etc. »[1]), qui confèrent à ce temps musical l'aspect dimensionel qui caractérisait l'espace lisse deleuzien. La seconde caractéristique, qui résulte de la première, consiste en ce que seul le temps pulsé « est susceptible d'être agi par la vitesse, accélération ou décélération : le repérage régulier ou irrégulier sur lequel il se fonde est fonction, en effet, d'un temps chronométrique plus ou moins restreint, large, variable ; la relation du temps chronométrique et du nombre de pulsations sera l'indice de vitesse »[2]. Il va de soi en effet que le mouvement (sa *vitesse* et son *sens*) suppose, pour être décelé, que l'on prenne appui sur au moins deux repères fixes (ici, le striage). Cette caractéristique doit être soulignée dans la mesure où elle contribue à justifier le fait que l'esthétique musicale deleuzienne ne se préoccupera guère des mouvements « réels » (non décelables en surface lisse), mais seulement des forces (cosmiques et moléculaires) révélées par la musique[3].

L'originalité de Boulez est incontestablement d'avoir *thématisé* cette notion classique de tempo comme temps strié, en l'opposant à son contraire, le *temps amorphe* : ce dernier est caractérisé comme un temps musical,

---

1. Boulez, *Par volonté et par hasard, op. cit.*, p. 89.

2. Boulez, *Penser la musique aujourd'hui, op. cit.*, p. 100. La vitesse dont il est question ici n'est pas la vitesse moléculaire à laquelle Deleuze fait référence (vitesse intensive ne requerrant pas de vitesse réelle), mais bien la vitesse physique, le sentiment objectif d'un mouvement réel.

3. *Cf.* note *M.P.*, p. 380.

qui ne se réfère au temps chronométrique que d'une façon globale; les durées, avec des proportions (non des valeurs) déterminées ou sans aucune indication de proportion, se manifestent dans un champ de temps (…). Le temps amorphe sera seulement plus ou moins dense suivant le nombre statistique d'événements qui arriveront pendant un temps global chronométrique; la relation de cette densité au temps amorphe sera l'indice d'occupation [1].

De cette définition se dégagent deux caractéristiques qui répondent trait pour trait aux deux précédentes : à l'inverse du temps strié, le temps amorphe ne présente *aucun repère auditif stable*; aussi Boulez peut-il déclarer plus loin que « le véritable temps lisse est celui dont le contrôle échappera à l'interprète » [2]. Cet aspect lisse, *a-morphe* (qui ne signifie pas autre chose que notre concept d'aformel!) nous réfère clairement aux caractères de l'espace nomade deleuzien, lui aussi non mesuré (non mesurable), intensif et peuplé d'événements qui en déterminent la « densité ». La seconde caractéristique, coextensive à la première, réside en ce que un tel temps lisse ne révèlera *aucun mouvement*, puisqu'il n'en fournit pas les conditions de perception (des repères fixes), mais présente seulement des *densités*, des intensités, des flux sonores. Il en résultera concrètement qu'une musique construite sur cette conception du temps musical apparaîtra comme « une musique qui flotte, où l'écriture elle-même apporte pour l'instrumentiste une impossibilité de garder une coïncidence avec un tempo pulsé » [3]. Et l'instrument privilégié d'une telle musique fonctionnant par densités et événements dans un temps essentiellement fluide, sera la *vibration électronique* (c'est-à-dire le

1. Boulez, *Penser la musique aujourd'hui*, *op. cit.*, p. 100.
2. Boulez, *Penser la musique aujourd'hui*, *op. cit.*, p. 107.
3. Boulez, *Par volonté et par hasard*, *op. cit.*, p. 89.

synthétiseur)[1], dont la ductilité technique répond à la ductilité théorique de la définition boulezienne du temps amorphe. La notion de fluidité est d'ailleurs, notre œil exercé l'aura à présent décelé, une nervure fondamentale de la pensée boulezienne : toute l'ambition du compositeur est en effet, ainsi qu'il ressort de ses entretiens avec Célestin Deliège[2], d'exploiter ce « nouveau filon » du temps lisse[3], qu'il est un des premiers à avoir thématisé de la sorte. Et sa musique donne d'ailleurs concrètement cet aspect fluide, flottant, a-morphe, qui s'apparente volontiers à la ligne « gothique » ou baconienne (telles que les présente Deleuze), sinueuse, libre, imprévisible et frappant de plein fouet le système nerveux, ainsi qu'il apparaît par exemple dans son œuvre *Domaines* mentionnée plus haut. Une musique qui s'apparente donc incontestablement à cet art de la sensation (par sa présence abrupte, jusqu'au malaise…) et de la ligne (par son caractère flottant et imprévisible) dont Deleuze fait le cœur de son esthétique.

Il est à noter cependant que cette exaltation de la fluidité du matériau et de la liberté créatrice qui en résulte s'assortit, comme c'était le cas chez Deleuze, de certaines « réserves » ou *précautions pratiques*, liées à la conscience d'une possible dérive vers le *chaos*, en l'occurrence incarné par la prolifération incontrôlée des sons, les concerts de bruits, l'informel musical qualifié par Boulez d'« inepte, au sens le plus littéral du

---

1. Les instruments classiques sont en effet *conçus* en fonction des conceptions musicales classiques, c'est-à-dire en fonction d'un temps pulsé et d'un espace (tempérament) strié.

2. Boulez, *Par volonté et par hasard, op. cit.*

3. Soulignons cependant que pour Boulez, temps lisse et temps strié constituent des pôles (des « types idéaux »), cf. *Penser la musique aujourd'hui*, *op. cit.*, p. 100.

terme » [1]. Aussi ce dernier insiste-t-il de façon récurrente sur la nécessité de s'astreindre à une auto-discipline rigoureuse, de préserver une certaine dose de normes et de structures dans le cadre même de toute remise en question à vocation libératrice : il convient, nous dit-il, de conserver « une démarche dialectique entre la liberté de l'invention et la nécessité d'avoir une discipline dans l'invention » [2]. Cette affirmation de la nécessité d'allier « la netteté et la logique interne des formes et des structures avec l'essor de l'imagination, de la fantaisie, de l'improvisation » [3] peut être analysée chez Boulez dans les mêmes termes que la *réinsertion de la forme* telle que nous l'avions vue à l'œuvre chez Deleuze. Une remarque s'impose ici : une telle complémentarité de fait entre norme et créativité n'est-elle pas le fait de tous les artistes ? À considérer les choses *in concreto* et rapidement, une telle allégation paraît peu contestable. Toutefois, pour peu que l'on veuille affiner son analyse, une distinction essentielle ne tarde pas à s'imposer : il faut en effet distinguer entre *le fait que*, concrètement, la quasi-totalité des artistes est amenée bon gré mal gré à concilier la fantaisie et un minimum de règles, fussent-elles seulement négatives, et le statut qui est « *en droit* » (c'est-à-dire sur le plan des principes, ou des conceptions fondamentales de l'artiste) reconnu à cette conciliation et à ces règles. Car si la création concrète semble exiger un tel « compromis », il existe deux manières radicalement distinctes de le concevoir : *soit* on considère la liberté créatrice, la spontanéité, comme la donnée première et éminente, et la norme, la structure, la forme, comme intrinsèquement seconde et relative (comme une disci-

1. Boulez, *Par volonté et par hasard*, *op. cit.*, p. 81.

2. Boulez, *Par volonté et par hasard*, *op. cit.*, p. 83.

3. G. Brelet, « Musique contemporaine en France », dans *Histoire de la musique*, « Bibliothèque de la Pléiade », Paris, Gallimard, vol. II, 1963, v. 1178.

pline pratique nécessaire, sans plus); *soit* alors on reconnait une authentique complémentarité entre norme et liberté, ce qui implique d'octroyer à la première la même éminence qu'à la seconde. Et la position adoptée à cet égard aura un impact décisif tant sur la démarche créative que sur son résultat une œuvre d'art informel, ou même figurale; ne se crée pas et ne peut être perçue de la même manière qu'une œuvre préraphaëlite… L'esthétique deleuzienne relève du premier parti-pris (*non complémentarité de la norme et de la liberté, c'est-à-dire couplage de type bergsonien*). Et il en va de même de l'avant-gardisme musical français dont est issu Pierre Boulez. Celui-ci se caractérise en effet, selon la profonde analyse qu'en donne Gisèle Brelet [1], par la révélation de la *contingence* des grandes formes et structures de la musique occidentale « classique » : sous l'impulsion de Messiaen, les élèves de sa classe d'harmonie (dont Boulez) voyaient s'éveiller en eux l'idée « que la tonalité (…) n'est peut-être pas une catégorie nécessaire de la pensée musicale; et cette conscience historique déjà suscitait en eux le sentiment de leur responsabilité créatrice » [2]. C'était en fin de compte toutes les normes instituées qui apparaissaient dans leur arbitraire, leur dimension essentiellement conventionnelle, dévoilant par là même le seul « inconditionnel » de la musicalité : le *matériau sonore*. Pierre Boulez lui-même restera toujours fidèle à ce sentiment de la primauté du matériau, de la densité et de l'intensité émotive des sons sur la forme elle-même [3]. En d'autres termes, nous pouvons conclure que, tant au niveau du mouvement dont il est issu [4] qu'au niveau de ses créations et prises de positions

---

1. G. Brelet, « La musique contemporaine en France », *op. cit.*, p. 1169.
2. G. Brelet, *op. cit.*, p. 1171.
3. Ce thème est constant dans les entretiens avec C. Deliège, *op. cit.*
4. G. Brelet, *op. cit.*, p. 1169.

personnelles, Boulez se caractérise par *le primat accordé à la fluidité créatrice sur la norme formelle, celle-ci étant cependant reconnue comme nécessaire à l'élaboration et à l'exécution de l'œuvre.*

Nul besoin d'insister sur les accents deleuziens de cette conception boulezienne du temps lisse et du temps strié (et de la nécessité marginale d'un certain striage). Nous ne nous étonnerons pas dès lors que Deleuze ait abondamment puisé dans l'arsenal conceptuel du compositeur, et lui ait emprunté les principes et la terminologie de cette double lecture du temps et de l'espace. Remarquons, avant de clore sur ce point, que le temps lisse deleuzien n'est autre que *l'aion*, dont nous avons examiné plus haut les traits fondamentaux, et qui nous était effectivement apparu comme un temps linéaire, non pulsé et peuplé d'événements ou heccéités. On peut valablement soutenir que Deleuze a élaboré la notion *d'aion* sur base des développements de Boulez à propos du temps amorphe : outre la compatibilité chronologique de cette hypothèse (le livre de Boulez *Penser la musique aujourd'hui*, où il définit ce concept, date de 1964 et la *Logique du sens*, qui introduit la notion *d'aion*, date de 1969), Deleuze fait lui-même la connexion entre ces deux notions (*aion*/temps amorphe boulezien) dans *Mille Plateaux*, où il reprend la distinction entre les deux lectures du temps : «L'*aion*, qui est le temps indéfini de l'événement, la ligne flottante qui ne connait que les vitesses (…). Et chronos, au contraire, le temps de la mesure, qui fixe les choses et les personnes, développe une forme et délimite un sujet»[1], *et il ajoute aussitôt* «Boulez distingue dans la musique le tempo et le non tempo, le temps pulsé d'une musique formelle et fonctionnelle fondée sur les valeurs, le

_____
1. *M.P.*, p. 320.

temps non pulsé pour une musique flottante »[1]. Cette juxtaposition textuelle nous semble justifier l'allégation d'une filiation boulezienne du concept *d'aion*, ainsi que l'indique par ailleurs la proximité terminologique et conceptuelle existant d'une manière générale entre les deux hommes en matière esthétique.

Musique formelle et musique flottante

Nous avons examiné au point précédent la distinction deleuze boulezienne entre le temps *strié* (déterminé par un quadrillage constituant une structure pour l'œuvre et un repère pour l'oreille, et négativement indexé[2]), et le temps *lisse* (sans quadrillage), qui était positivement indexé. Il en résulte concrètement que la « meilleure » musique aujourd'hui, la plus créative, la plus « authentique » et la plus efficace dans l'optique deleuzienne, sera la musique qui se déploie dans le cadre de cette temporalité lisse. Il nous faut toutefois aller plus loin dans sa caractérisation, et examiner pour ce faire la conception antithétique contre laquelle elle se définit, selon la procédure d'analyse par couples utilisée jusqu'ici. Nous nous référons en l'occurrence à un article de Daniel Charles, « La musique et l'oubli »[3], qui constitue une référence explicite et fondamentale de Deleuze en la matière, et qui synthétise en outre assez concisément les vues de notre auteur.

Daniel Charles articule son article autour de l'opposition entre une *musique fonctionnelle* ou formelle (les deux termes sont en l'espèce synonymes) et une musique *non fonctionnelle* (flottante, ou aformelle).

---

1. *M.P.*, p. 320.

2. L'indexation négative existe chez les deux auteurs, mais elle est moins explicite et plus nuancée chez Boulez.

3. *Traverses* n°4, 1976, p. 14.

Qu'est-ce qu'une musique fonctionnelle ? À cette question, l'auteur répond par la définition suivante :

> Le fonctionnalisme (…) ne consiste qu'en l'*exhibition stable de relations fixes entre les éléments d'une structure*. De telles relations régissent l'organisation musicale en tant que hiérarchique. Pour que surgisse une structure hiérarchique, il faut qu'apparaissent et se développent des formes «potentielles» intermédiaires, lesquelles ne s'actualiseront que pour autant que des relations fonctionnelles de dépendance aient déjà fait leur apparition, et rendu possible une certaine clôture, partielle ou entière du composé. Or ce n'est que parce que ladite clôture se présente comme partielle qu'il peut y avoir implication – et partant, composition – de niveaux complémentaires de la structuration [1].

Deux niveaux peuvent être relevés dans cette définition, et dès lors dans toute œuvre fonctionnelle :

1) À un premier niveau, la musique fonctionnelle se révèle fondée sur le *réseau des relations* entre ses éléments (pour faire bref, les notes). Chaque élément, chaque son, n'est pas considéré en lui-même, pour la singularité qu'il est intrinsèquement, mais pour ce qu'il *fait* dans l'œuvre, c'est-à-dire pour la place, la *fonction*, qu'il y occupe. En d'autres termes, la question directrice de la démarche fonctionnelle, tel qu'Adorno (lu par Daniel Charles) la présente, consiste à se demander «comment cette note fonctionne-t-elle ?» plutôt que de poser la question ontologique (qui sera celle de la musique non fonctionnelle) «qu'en est-il de cette note ?» [2]. Le primat est donc accordé à la fonction sur la singularité, à la *structuration des éléments* plutôt qu'aux éléments eux-mêmes, à la *forme* sur le matériau sonore, et c'est la raison pour

---

1. D. Charles, « La musique et l'oubli », *Traverses* n°4, 1976, p. 17.
2. D. Charles, « La musique et l'oubli », *op. cit.*, p. 14.

laquelle on peut parler de *fonctionnalisme* ou de *formalisme*. La musique occidentale « classique » peut assurément être qualifiée de fonctionnelle : chaque note est en effet pensée et caractérisée (en hauteur, en durée, en intensité) par rapport à sa position harmonique et mélodique. On peut dire, comme le fera Deleuze [1], que chaque son y est appréhendé et déterminé en fonction de *l'axe vertical* de l'harmonie et de *l'axe horizontal* de la mélodie, comme l'était le point dans un espace strié. Toute production musicale élaborée selon ces principes se définira dès lors fondamentalement comme un *système ponctuel*, qui trouve sa consistance et sa pertinence dans cette double structuration verticale et horizontale. Deleuze donne de ce système, qui est par ailleurs qualifié d'arborescent, de mémoriel et de structural, la description suivante :

> La représentation musicale trace une ligne horizontale, mélodique, la ligne basse, à laquelle se superposent d'autres lignes mélodiques, où des points sont assignés, qui entrent d'une ligne à l'autre dans des rapports de contrepoint ; d'autre part une ligne ou un plan vertical, harmonique, qui se déplace le long des horizontales, mais n'en dépend plus, allant de haut en bas, et fixant un accord capable de s'enchaîner avec les suivants [2].

Nous retrouvons, dans ce mode de composition qui n'est autre que le mode « traditionnel » de la musique occidentale depuis la Renaissance, la primauté des *relations* ou enchaînements sur les points ou éléments sonores, et la primauté des *axes* sur ces liaisons, ainsi qu'il en allait déjà dans l'espace strié envisagé plus haut. Nous remarquons que ce système ponctuel de composition est qualifié de *représentation*, de la même manière que la peinture qui procédait elle aussi par formes et

1. *M.P.*, p. 597.
2. *M.P.*, p. 361.

structures. Nous voyons donc se perpétuer ici la grande dichotomie deleuzienne entre, *d'une part*, la représentation comme
pensée ou sensibilité fondée sur *le primat (ou l'éminence) de
la forme*, de la structure, de la relation, sur la matière et *d'autre
part*, la présentation comme pensée ou sensibilité fondée sur
le primat de la force et du matériau sur ce qui l'enserre. En
l'espèce, la musique occidentale classique ressortit, par son
mode de composition et, comme nous le verrons, son mode
d'écoute, à la représentation (quelles que soient par ailleurs les
rectifications et nuances que Deleuze introduit épisodique-
ment pour « épargner » ses plus grands compositeurs). Cette
conception fonctionnelle et hiérarchique est d'ailleurs, comme
le confirme Daniel Charles, liée au système tonal majeur/
mineur qui a fondé toute la syntaxe musicale depuis la Renaissance. Toutefois, ce lien de la *fonctionnalité* et de la *tonalité* ne
peut être considéré comme intrinsèque : ce qui caractérise le
fonctionnalisme est, nous l'avons vu, le primat accordé à la
relation, à la forme, sur le matériau sonore. Ce dernier est
pensé (et donc élaboré et perçu) à partir de la *structure* qui
l'agence. Mais il doit être noté que le *type* de structure importe
peu : l'Histoire a fait que cette structure a été celle de la
tonalité, mais toute autre structure, *pour autant qu'elle soit
posée comme première par rapport au matériau*, eut aussi bien
convenu à établir un fonctionnalisme. Remarquons que ceci
explique pourquoi le sérialisme pur et dur ne peut être considéré, en dernière instance, comme une rupture véritable avec
le fonctionnalisme : quoiqu'il ait entendu rompre avec la
syntaxe tonale, il n'a pas tardé à remplacer la structure déchue
par le primat d'une nouvelle structure, celle de la série. Dans sa
rigueur première, il se définit en effet, selon les termes de Jean

et Brigitte Massin[1], comme « Le choix, préalable à l'œuvre, d'un certain ordre de déroulement des douze sons de la gamme chromatique (…). Ces douze sons sont énumérés, et aucun d'entre eux n'est répété. <À quoi s'ajoute que> dans une œuvre sérielle, les notes de la série sont toujours jouées dans l'ordre strict choisi au départ ». On pourra certes démarrer la série sur une autre note initiale, mais on aura alors soin de respecter la structure mélodique originaire, c'est-à-dire de conserver les mêmes intervalles aux mêmes endroits…

Nous apercevons directement que le critère décisif du fonctionnalisme n'est en rien ébranlé : pour être expressément produite, explicitement « conventionnelle » et « discrétionnaire »[2], la *primauté intrinsèque et nécessaire de la structure sur le matériau* n'en est pas moins établie. Une fois de plus, ce dernier est appréhendé « depuis » le réseau des relations voulu par le compositeur : chaque son se voit considéré et défini par la place, inamovible, qu'il occupe dans l'ordre de la série, quand bien même ce dernier serait-il plus « libre » et linéaire que la syntaxe traditionnelle. Cette hiérarchie, même « plate » (au sens deleuzien), même « avouée », reste une hiérarchie, et le fonctionnalisme n'en sort pas fondamentalement atteint[3].

Puisqu'une telle musique ne se fonde pas sur le son considéré en lui-même mais sur les relations entre les sons, il en résulte que l'*écoute* elle-même se focalisera, non sur la perception brute du matériau sonore (la sensation, le fait sonore) mais

---

1. J. et B. Massin, *Histoire de la musique occidentale*, Paris, Fayard, 1985, p. 72.

2. Il n'est en effet plus question d'enraciner quelque norme que ce soit dans l'Être ou le Beau, et de rejeter ce qui ne s'y conforme pas comme un « Diabolus in musica ».

3. Deleuze évitera de tomber dans le fonctionalisme en conférant à sa structure sérielle (la multiplicité) un statut *second* par rapport au grouillement des singularités.

bien sur le *réseau relationnel et structural*, dont elle tentera de suivre et d'inférer les méandres. Ce processus d'attente et d'induction, par lequel l'auditeur tente tout à la fois de se remémorer et d'anticiper le déroulement de la musique, explique la tension ou la crispation provoquées par l'irruption d'une dissonance ou de quelque effet impromptu, *détrompant* précisément son « attente ». Emporté par l'effort et le recueillement indispensable à ce travail d'anticipation de la suite harmonique et mélodique de ce qu'on lui joue (écoutant en quelque sorte « une mesure en avant »), il sursaute à cet imprévisible, et cette contraction est généralement dénouée par le compositeur qui prend soin de résoudre la dissonance, de telle sorte que la détente succède au spasme de l'inouï. Nous constatons que cette écoute, fondée sur les inférences que peut nouer l'auditeur, est intimement liée à deux instances : la *culture* (il faut connaître un « style » pour pouvoir l'anticiper) et la *mémoire* (le déroulement à venir est fonction du déroulement passé). Loin dès lors de se définir par la fusion du sentant et du senti, par l'action directe de l'œuvre sur le système nerveux, l'immédiateté bouleversante de la sensation, cette écoute est au contraire travaillée en son cœur même par la *distance et la médiation*, puisqu'elle ne saisit la musique qu'au travers du double écran interprétatif de la culture et de la mémoire.

2) Ces développements nous permettront d'être brefs quant au *second niveau* appelé par cette définition du fonctionnalisme musical, à savoir celui de la *forme partielle*.

Les relations qui incorporent le matériau sonore (nous dirons, pour faire bref, les différentes « phrases ») s'agencent à leur tour dans des formes partielles que nous appellerons *figures*. Ainsi par exemple, la répétition continue d'une phrase pourra constituer un *ostinato* (ou basse obstinée), qui sera dans cette optique considéré comme une figure. Ce second niveau de structuration (entre la « phrase » et la *totalité organique* de l'œuvre, qui constitue le *troisième niveau*) requerra à son tour le même type d'écoute, convoquant également la culture et la mémoire de l'auditeur : pour reprendre l'exemple de *l'ostinato*, celui-ci pourra être entendu comme une figure fondée sur la répétition, et engendrer dès lors l'attente de sa continuation, ou, si le sujet ne dispose pas ou n'entend pas solliciter sa culture et sa mémoire, comme un simple « fait », un donné ne suscitant aucun jugement de fonctionnalité[1]. En d'autres termes, dans le premier cas, lorsque l'auditeur appréhende *l'ostinato* comme une figure, une forme partielle, il opère une *mise à distance interprétative du donné musical* : il le lit, ou le déchiffre, ce qui suppose des connaissances et une mémoire. Dans le second cas au contraire, il prend la musique « au ras d'elle-même », comme un fait sonore dont il conviendrait seulement de s'imbiber, ou avec lequel il faudrait « fusionner ». C'est pour ce type d'écoute là que sont composées les musiques « répétitives » ou « planantes », pour être simplement *vécues* dans la proximité immédiate de la sensation... On pourrait dire que la musique fonctionnelle, élaborée pour une écoute à distance ou « en profondeur », justifie le parallélisme traditionnellement établi entre musique et architecture, cette dernière étant qualifiée de « musique pétrifiée », tandis que la première pourrait être vue comme une « architecture mouvante »... Si l'on observe (la partition) ou si l'on écoute une œuvre dite « classique » (surtout datant d'avant la seconde moitié du dix-neuvième siècle), on sera en effet frappé par la construction, l'*architecturalité* de l'ensemble, tant du point de vue de son déroulement (ainsi, une sonate comprend une exposition, un développement et une réexposition etc.[2]) que du point de vue de son « épaisseur » (polyphonie).

1. D. Charles, « La musique et l'oubli », *op. cit.*, p. 17.

2. *Cf.* à ce sujet A. Hodeir, *Les formes de la musique*, « Que sais-je ? » Paris, PUF, 1986.

Cet aspect architectural, superposant les niveaux de structuration comme un théâtre « superpose » dans le champ scénique les plans du décor, met en exergue une notion que nous connaissons bien : la distance ou l'*intervalle* comme dimension constitutive de toute musique fonctionnelle comme de toute représentation. Cette distance ou cet intervalle apparaît à un double niveau : il apparaît tout d'abord *au sein même* de l'œuvre, induit par cette articulation « architecturale » que mon oreille éprouve dans le mouvement même où elle distingue les formes emboîtées. Mais la distance apparaît du même coup à un second niveau, *entre l'œuvre et moi*, car dans la mesure où je distingue, où je découpe, où je reconnais, je distille par ce fait même une distance entre la musique et moi, fût-ce la distance infime d'un instant de conscience narcissique...

Ce dernier point est implicitement appréhendé par Daniel Charles lorsqu'il nous dit que l'écoute fonctionnelle a pour nature d'être toujours *en retard* sur l'œuvre :

> Synonyme de profondeur, le caractère inépuisable de l'audition met en demeure le public d'ajuster perpétuellement sa perception à la richesse de ce qui se passe : c'est-à-dire de se sentir toujours en retard. L'œuvre, si elle est effectivement destinée à être consommée sur-le-champ, demande trop, sur l'instant (...). Du coup, elle est perpétuellement vouée à l'oubli, mais à un oubli négatif, culpabilisant. L'auditeur est toujours trop léger [1].

En d'autres termes, jamais celui-ci ne pourra combler la double fêlure constitutive d'une telle écoute, et saisir en une seule gerbe la richesse de l'œuvre.

---

1. D. Charles, « La musique et l'oubli », *op. cit.*, p. 20.

Voilà pour ce qui est de la musique fonctionnelle ou formelle. Cette démarche fonctionnaliste est-elle susceptible d'une alternative ? Peut-on, en d'autres termes, *penser la musique autrement* ? Et que sont les exigences de cette voie nouvelle, qui s'opposerait au fonctionnalisme comme le temps lisse « s'oppose » au temps strié ? Cette voie, Daniel Charles l'appelle la musique *non fonctionnelle* ou musique « planante », et Deleuze parlera à son sujet de « musique flottante et machinique ». La caractérisation de cette musique s'obtiendra en prenant l'exact contre-pied de la musique fonctionnelle. Le fondement en sera donc le renversement pur et simple du primat consacré par celle-ci : il s'agit en effet de conférer cette fois la primauté, non plus aux relations et structures, mais bien *au matériau sonore lui-même*. Laisser les sons être ce qu'ils sont, dira John Cage. Ne pas se demander comment fonctionne cette note, quelle est sa situation par rapport à l'axe harmonique et mélodique, mais bien plutôt seulement ce qu'elle est : *ontologisation du matériau*, dira Adorno, considérant par ailleurs cette démarche comme une régression qui condamne l'œuvre « à la pure et simple émission sonore déconnectée, dés-ordonnée, non-sélective, voire an-archique ; et l'auditeur à l'écoute passive, non orientée et inorientable, distraite, désœuvrée »[1].

Une telle focalisation sur le *son pur* considéré dans sa singularité, sur le « fait » sonore manipulé pour lui-même, sans que soit élaborée la moindre discursivité, la moindre phrase, la moindre forme, enlève à la musique son traditionnel souci de *communiquer* (Adorno), de raconter des émotions, des états d'âme, des révoltes… *Rendre sonores les forces du monde,*

---

1. D. Charles, « La musique et l'oubli », *op. cit.*, p. 15, pour qui cette façon d'écouter la musique est, comme pour Deleuze, la « bonne » façon, à rebours donc de la disqualification adornienne.

*mais surtout ne plus rien dire, ne plus rien reproduire : seule-
ment être, frapper l'oreille, tracer des lignes en nous.* Dans
cette optique il s'agira, comme c'était déjà le cas pour la peinture figurale, de rompre toute narration, de rendre impossible
le déchiffrement figuratif, rhétorique [1], d'une telle musique :
concrètement, « il faut et il suffit, pour que se défonctionnalise
une musique, qu'elle use de sons que tout distend – temps,
hauteur, timbre, dynamique... – de façon que des disjonctions
puissent être conclues à partir de discontinuités, d'asymétries
et de fragmentations » [2]. Nous dirons que la « figuration »
musicale sera évitée par le recours à la connexion d'hétérogènes, à l'imprévisible, à la transversalité dé-formante : ne
jamais résoudre une dissonance, crever les formes qui concrétionnent par un accord inattendu, trahir ses propres normes,
briser la ligne et effacer les repères (opérer dans un temps lisse,
et non dans un temps strié), ne jamais donner à l'auditeur ce
qu'il attend de vous, mais seulement exhiber des flux et faire
vibrer des molécules sonores, en une musique ludique où
seules comptent la beauté des « coups » et la sobriété des
traits... Ce que Daniel Charles appelle une *musique de l'oubli*,
où chaque son « ne fonctionnerait qu'en tant que singularité
différentielle, autonome, non reliée aux autres singularités;
mais cette absence de lien serait ce qui permettrait au lien de
s'établir avec n'importe laquelle de ces autres singularités. Ce
lien de l'absence de lien, c'est l'interpénétration sans obstruc-
tion : positivité de l'oubli, au rebours de toute mémoire » [3].

On comprendra aisément qu'une telle musique ait à voir
avec l'oubli : contrairement à la musique fonctionnelle, qui
sollicite la culture et la mémoire en ce qu'elle implique d'être

---

1. Comme on parle de *rhétorique* baroque.
2. D. Charles, « La musique et l'oubli », *op. cit.*, p. 16.
3. D. Charles, « La musique et l'oubli », *op. cit.*, p. 19.

interprétée et « anticipée », la musique non fonctionnelle ne requiert rien mais se borne à *être*, *à* nous investir comme un psychotrope, à s'immiscer en nous comme un brouillard brillant. Une fois encore, à la manière des tableaux de Bacon, il s'agit de *présenter des forces et d'emporter l'auditeur dans un devenir*, et non de représenter des formes et de communiquer un sens. Et l'écoute inhérente à cette musique flottante et machinique, fondée sur les seules ressources du matériau librement manipulé, sera marquée du sceau de *l'immédiateté* : immédiateté *interne* (présence de l'œuvre à elle-même) en ce qu'il n'est plus question de superposer des plans distincts (phrases, figures..) mais d'agencer des flux sonores ; immédiateté *externe* (présence de l'œuvre à l'auditeur) en ce qu'aucun intervalle interprétatif ou analytique ne vient se glisser entre la musique et le « système nerveux ».

Faut-il pour autant en déduire que ne peuvent revendiquer la non fonctionnalité que les musiques qui font sauter toutes formes, les musiques purement informelles, délaissant toute syntaxe ? La réponse à cette question sera négative pour Daniel Charles comme elle l'est pour Deleuze : une fois encore l'exaltation de l'aformel s'achève sur une *réinsertion prudente de la forme*, en l'occurrence de la syntaxe musicale. Après avoir sonné le glas de la musique formelle et l'avènement d'une musique de l'oubli, notre auteur réintroduit en effet le formalisme sous son mode le plus traditionnel, en précisant que « rien n'interdit à présent que l'on applique à la tonalité cet oubli »[1]. En d'autres termes, et selon une démarche expressément deleuzienne que nous connaissons bien, une fois dénoncé le despotisme formel-fonctionnaliste et établi l'éminence d'un matériau sonore fluide et intensif, rien n'empêche

---

1. D. Charles, « La musique et l'oubli », *op. cit.*, p. 23.

(et tout suggère..) de réinjecter prudemment de la syntaxe à petites doses contrôlables et contrôlées…

Cet exposé schématique des conceptions à l'œuvre dans le texte de Daniel Charles nous éclaire sur l'esthétique musicale deleuzienne dont il est une référence fondamentale. À l'occasion de la distinction entre le plan génétique ou structural (comme « structure cachée nécessaire aux formes et signifiant secret nécessaire aux sujets »[1]) et le plan de consistance (qui ne connait ni forme ni sujet mais seulement des rapports de vitesses et de lenteurs entre éléments non formés), Deleuze synthétise comme suit les conceptions que nous venons de développer : « Certains musiciens modernes opposent au plan transcendant d'organisation, censé avoir dominé toute la musique classique occidentale, un plan sonore immanent, toujours donné avec ce qu'il donne, qui fait percevoir l'imperceptible, et ne porte plus que des vitesses et des lenteurs différentielles dans une sorte de clapotement moléculaire : il faut que l'œuvre d'art marque les secondes, les dixièmes, les centièmes de seconde. Ou plutôt il s'agit d'une libération du temps, *Aion*, temps non pulsé pour une musique flottante, comme dit Boulez, musique électronique où les formes cèdent la place à de pures modifications de vitesses »[2]. On ne peut être plus clair : nous retrouvons ici l'opposition examinée plus haut entre, d'une part, une musique *fonctionnelle* qui s'inscrit dans les cadres d'un temps *pulsé* (temps strié), déploie des *formes* (signifiantes) et des *structures* (transcendantes-totalisantes), et est justifiable d'une écoute « *en profondeur* », et, d'autre part, une musique *non fonctionnelle* flottant sur un temps *lisse*, déployant des *lignes* et des *flux*, et agissant directement sur le système nerveux (écoute *immédiate*). Et c'est à l'assomption

1. *M.P.*, p. 325.
2. *M.P.*, p. 327.

de cette dernière que doit tendre le musicien contemporain, à l'exaltation d'une musique qui révèle et rend visible mieux que jamais « cette vérité que tous les devenirs sont moléculaires »[1]. Vibrations, stridulations, crissements, frottements : « C'est comme si l'âge des insectes avait relayé l'âge des oiseaux »[2].

1. *M.P.*, p. 379.
2. *M.P.*, p. 379.

CONCLUSION

LA VIE

Si l'on entend par conclusion le fait d'imposer à la réflexion ce qui se voudrait un point final, notre intention est rien moins que de conclure. Notre propos est au contraire de déterminer les conditions d'une relance possible de cette problématique centrée sur le concept de forme. En d'autres termes, pour parler le langage des musiciens, nous dirons qu'il s'agit moins d'écrire une cadence parfaite qu'une cadence plagale, ouvrant sur une reprise ultérieure de ces mêmes thèmes et questions. Nous assumerons dans cette entreprise un double risque : celui qui est inhérent à la brièveté de pareil exercice (ceci ne sera, au mieux, que l'exposé programmatique d'une réflexion à construire ailleurs), et celui qui résulte du parti-pris d'impertinence qui sera parfois le nôtre…

Il nous est apparu au cours de ces pages que la pensée deleuzienne s'articulait autour d'un couple de complémentaires que nous avons défini comme celui de la *force* et de la *présence*. Et l'ambition qui nous était proposée en dernière instance, et qui conjuguait ces deux termes, n'était autre que l'ambition (pratique) du *devenir-imperceptible* : rejoindre les flux, libérer les forces qui nous peuplent et peuplent le monde, s'immerger en elles, pour n'être plus qu'une ligne qui se plie, se froisse et se connecte, une ligne qui devient… Le devenir, au confluent des idées de flux et de présence, apparaît ainsi comme le véritable objet de l'entreprise deleuzienne. Il en résulte que toute activité humaine sera jugée à son efficience à susciter des devenirs. Construire, plier la pensée ou la matière, sera exalté pour le devenir qui advient à celui qui construit : comment il devient par les plis qu'il marque et qui se marquent en lui, quels sont ses mouvements ou ses processus et les événements qui l'affectent… Aussi l'art et l'écriture ne seront-ils pas jugés à l'aune de leurs productions, par une quelconque appréciation esthétisante, mais bien à la mesure de leur puissance de déterritorialisation, de leur capacité à tracer des lignes de vie (comment, avec quelle force, l'œuvre emporte-t-elle celui qui la produit et celui qui la reçoit ?). En d'autres termes, une entreprise n'est pas considérée pour ses effets, le résultat cristallisé de son acte, mais bien plutôt pour cet acte lui-même appréhendé comme une aventure vitale. Seul le devenir est visé, les processus, les mouvements de la vie, et non les sédiments de ces mouvements ou de ces processus : « Les processus sont les devenirs, et ceux-ci ne se jugent pas au résultat qui les terminerait, mais à la qualité de leur cours et à la puissance de leur continuation »[1]. C'est pourquoi Deleuze n'a jamais renié l'expérience de mai 68 : peu importe les résultats de la révolte, ce qu'elle a produit ou engrangé, car la seule chose qui compte vraiment, c'est le devenir-révolutionnaire des gens qu'elle a mis en cause (« Quand on dit que les révolutions ont un mauvais avenir, on n'a rien dit encore sur le devenir-révolutionnaire des gens »[2]). C'est pourquoi aussi Deleuze peut qualifier la modernité de baroque, nonobstant le gouffre stylistique qui sépare leurs productions respectives :

1. Deleuze, « Signes et événements », *op. cit.*, p. 22.
2. Deleuze, « Signes et événements », *op. cit.*, p. 24.

une fois encore, ce sont moins les *œuvres* (comme résultats) qui sont prises en compte, que les *processus* qui y ont présidé (en l'occurrence, il s'agissait dans les deux cas de plier, déplier, replier...). Enfin, ce primat du produire sur le produit, de l'acte sur ses tenants et aboutissants, qui répond au primat du flux sur la forme, fonde la prévalence deleuzienne du verbe sur le substantif (l'événement est un verbe, le prédicat est un verbe, le transcendantal est peuplé de verbes...).

Dans cette exaltation du devenir, qui en passera par l'art, par la philosophie ou par la révolution comme par autant de champs opératoires, se révèle en fin de compte ce qui constitue la clef de voûte de l'«édifice» deleuzien, à savoir la *vie* : «Tout ce que j'ai écrit était vitaliste, du moins, je l'espère»[1], déclare Deleuze. C'est à la vie, aux *forces de la vie*, que se rapporte en dernière instance toutes les constellations de la pensée deleuzienne. C'est elle qui sous-tend l'assomption du concept d'événement, et elle encore qui fonde l'exaltation de la présence, du devenir-imperceptible ou de la sensation. C'est toujours de vivre qu'il s'agit, intensément, à même le monde.

Ce vitalisme agissant au cœur des thèmes deleuziens les plus fondamentaux trouve indubitablement sa référence première dans l'œuvre de Bergson. Ainsi trouve-t-on dans *l'Essai sur les données immédiates de la conscience* la même démarche qui conduisait Deleuze à préférer le *processus* à son résultat : la critique que Bergson adresse aux tenants du libre arbitre et du déterminisme psychologique se fonde en effet précisément sur le fait que ceux-ci appréhendent la vie par ses résultats, ses sédiments, ses résidus. L'objet de leur réflexion (le mouvement de la réflexion chez un individu) est durci, cristallisé dans un schéma construit *a posteriori* (le schéma «arborescent» de la délibération et de ses branches alternatives). Ce

---

1. Deleuze, « Signes et événements », *op. cit.*, p. 20.

qui est ainsi pris en compte, c'est un élément de lave durcie, quelque chose de mort, de statique, dont la vie s'est retirée, et ce qui est perdu du même coup est cela même qui était à atteindre : le *se faisant* de la délibération, la fluidité du vivre et de l'éprouver (commes verbes, processus mouvants…). La même inspiration se retrouve dans *L'évolution créatrice* : Bergson y exalte l'élan vital comme devenir, processus ou continuum, qui échappe à l'analyse (Deleuze dira : la vie s'échappe toujours des formes, strates ou codes qui l'emprisonnent) et excède ses propres formes (la matière, les choses ou les œuvres sont en effet à considérer comme de la vie éteinte, en voie de pétrification. Des cristaux de tempête..). Pour Bergson comme pour Deleuze, le primat est accordé aux devenirs (c'est-à-dire *à la vie*) sur les résultats coagulés et dès lors codifiables de ces mêmes devenirs. Un même vitalisme les rassemble, qui prescrit de ne pas rabattre la vie sur ses concrétions, qui n'en sont au mieux que des sédiments, au pire des matrices de carcéralité. Et si il sied parfois de leurs rendre hommage, c'est en tant qu'elles portent dans leur chair le stigmate du devenir qui les a produit, et la promesse latente de devenirs à naître.

Si ce vitalisme peut se revendiquer au premier chef d'une filiation bergsonienne, il nous porte également à la rencontre de Nietzsche et de Spinoza. De *Nietzsche*, bien sûr, puisqu'il s'agit, comme nous l'avons évoqué précédemment, d'exalter un devenir à vivre à même le monde, comme une aventure marquée du sceau de la plus grande présence (être force parmi les forces), mais aussi de penser la création comme un orage de la volonté dans l'azur du Chaosmos (il faut avoir un chaos en soi pour enfanter une étoile dansante : créer, n'est-ce pas précisément, pour Deleuze, plier le chaos du monde en moi ?). Mais ce vitalisme se réfère également à *Spinoza*. Deleuze entend appréhender ce dernier à partir de l'idée d'expression, qui en constituerait en quelque sorte le concept opératoire :

l'expression serait pour notre auteur, selon les termes de Pierre Macherey [1], « ce que pense Spinoza, ce qui fait penser Spinoza, et aussi ce qui nous permet à nous-mêmes de penser dans Spinoza ». L'acte d'exprimer ou de s'exprimer serait chez celui-ci ce qui « à la fois constitue toute réalité et la rend pensable » [2], ainsi qu'en attesterait notamment la définition six de la première partie de l'Ethique [3]. Mais en quoi cette lecture de Spinoza centrée sur le problème de l'expression a-t-elle à voir avec le vitalisme ? En ce que, si l'expression peut être considérée comme un concept clé du spinozisme, jamais cependant ce philosophe n'en propose une quelconque *théorie* : « l'idée d'expression chez Spinoza n'est objet ni de définition ni de démonstration » [4], déclare Deleuze, car l'expression, Spinoza la vit, elle vit dans ses textes et les anime, dans une immédiateté que ne vient rompre aucun intervalle réflexif. Et c'est précisément dans la mesure où Spinoza *vit* l'expression, sans la médiatiser dans une réflexion théorique, sans l'altérer par une représentation, que celle-ci peut être considérée comme son concept opératoire ou, ce qui revient au même, que le spinozisme peut être défini comme la philosophie de l'expression par excellence…

1. P. Macherey, « Penser dans Spinoza », *Magazine littéraire*, septembre 1988, p. 40.

2. P. Macherey, « Penser dans Spinoza », *op. cit.*, p. 42.

3. « Par Dieu j'entends un être absolument infini, c'est-à-dire une substance consistant en une infinité d'attributs, dont chacun *exprime* une essence éternelle et infinie ». Le centre de cette définition serait pour Deleuze à rechercher dans le verbe « exprimer », qui mettrait en cause trois éléments : l'exprimant (en l'occurence la substance), l'exprimé (en l'occurence l'essence), et un troisième terme (en l'occurence l'attribut) qui permettrait à l'exprimant de s'exprimer dans l'exprimé, *cf.* P. Macherey, « Penser dans Spinoza », *op. cit.*, p. 42.

4. Deleuze, *Spinoza et le problème de l'expression*, Paris, Minuit, 1968, p. 15.

L'intérêt de Spinoza est donc que celui-ci *exprime* plutôt que de fournir une *doctrine* (ou une représentation) *de l'expression* : nous retrouvons ici la prévalence du verbe (comme processus, manifestation de la vie) sur le substantif (comme forme, sédiment, représentation). Et le vitalisme classiquement reconnu à Spinoza prend ainsi une ampleur nouvelle, puisqu'il est moins dans ses édifices doctrinaux que dans sa démarche même.

De ce vitalisme qui pose la vie, les forces de la vie, comme au-delà de ses formes dans une pseudo-complémentarité de type bergsonien, résulte comme nous le savons la « *déchéance* » de cette notion de forme, *métaphysiquement secondarisée* et considérée sur le plan pratique et esthétique comme un « *mal nécessaire* ». Une analogie, intempestive mais néanmoins éclairante, nous vient alors à l'esprit : *ne pourrait-on soutenir que la vie est aux formes dans le vitalisme deleuzien ce que Dieu est à ses théophanies angéliques dans l'angélologie vétéro-testamentaire* ? Certes, me direz-vous, mais la pensée deleuzienne est marquée en son cœur même d'un immanentisme radical : le transcendantal est la surface des choses, soit encore un dehors présupposé afin de conférer à l'homme la haute main sur son propre devenir et la production des formes. Mais qui, d'ailleurs, songerait à nier les divergences ? Aussi notre intention n'est-elle que de suggérer une impertinente isomorphie de rapport : les anges (toute théophanie) seraient à Dieu ce que les formes sont à la vie…

Enserré dans la minéralité abrupte de sa transcendance, Dieu apparaît au-delà de tout concept comme de toute image : le gouffre qui le sépare de sa créature est un gouffre ontologique infranchissable, irrémédiable. Mais si Dieu est aussi infiniment éloigné de l'Homme, comment préserver encore la relation indispensable à toute adoration ? Par les anges, en ce qu'ils seront visibilisation de l'Abscondité divine, *théophanie*[1]. Si l'Homme ne peut voir Dieu, il verra son ange qui est le visage de Dieu pour l'Homme. Ainsi Dieu n'apparaît-il aux hommes qu'au travers de ses manifestations particulières, de la même manière que la vie ne nous apparaissait qu'au travers de ses agencements spécifiques. En d'autres termes, nous dirons que seuls les anges existent, seuls existent les signes de Dieu, mais que Dieu lui-même subsiste comme un extra-être (*hyperou-sion*), de la même manière que nous pouvons dire que seules existent les formes, mais que la vie subsiste à leur surface ou en leur sombre fond. Et enfin, tout comme Dieu excède infiniment ses théophanies, la vie excède toujours ses concrétions particulières…

Le rapport qui s'établit entre Dieu et ses anges paraît bien isomorphe à celui que Deleuze instaure entre la vie et ses formes : de part et d'autre, un extra-être préformel (Dieu ou la vie) excède ses manifestations (les formes) mais en même temps n'existe qu'en elles, de telle sorte que celles-ci apparaissent « métaphysiquement » secondes mais « effectivement » premières…

Cette isomorphie fondamentale se répercutera alors sur le *traitement pratique et esthétique* qu'il conviendra de leurs octroyer. Le croyant adore Dieu seul, c'est à Lui et non à ses anges que s'adressent ses prières. Toute sa vie est mue par le souci de Sa Présence, par le désir éperdu d'être au plus proche de Lui, de vivre en Lui, de se perdre en Lui… D'où il suit que toute distance, toute médiation, se verra négativement indexée. Ainsi en va-t-il de l'ange : s'il est nécessaire, c'est parce que l'homme déchu ne peut plus accéder à Dieu, vivre dans sa

---

1. H. Corbin, « Nécessité de l'angélologie », *op. cit.*, p. 15 ; A. Abecassis, « Genèse, histoire et signification de l'angélologie dans la tradition d'Israël », *ibid.*, p. 83.

proximité. La nécessité d'une médiation angélique, ou plus généralement formelle, trouve donc sa source dans la *déchéance de la créature*, et en porte le poids. Cette ambiguité marquant le statut de la théophanie, qui est tout à la fois éminente par sa nécessité et négativement indexée en tant que médiation, se trouve résumée par Saint Augustin lorsqu'il nous dit à propos du culte des anges : *honoramus eos charitate, non servitute...* Ne sied-il pas en effet de rendre gloire à Dieu jusque dans les signes qu'il nous laisse ? Mais ces signes ne sont que des signes, les manifestations particulières d'un Verbe qui les excède, de telle sorte que c'est toujours ce Verbe que nous saluons en eux.

N'est-ce pas la même démarche que nous voyons à l'œuvre dans le vitalisme deleuzien ? Nous avons vu à quel point l'idée de *présence* lui était essentielle : c'est elle qui donnait à la multiplicité son caractère plat et intrinsèque, elle qui caractérisait l'art baconien comme art de la sensation, et elle encore qui définissait l'art haptique. Aussi la pensée deleuzienne a-t-elle pu être définie comme une pensée de la présentation par opposition à une pensée de la représentation : toute distance, toute profondeur, toute médiation (toute forme) s'y voit négativement indexée, en ce qu'elle brise l'immédiateté du devenir, l'immédiateté du vécu, glissant le souffle froid de la réflexivité entre le monde et moi. Vivre intensément est donc, dans cette optique, *fusionner avec les forces qui peuplent les choses* : fusion de l'œil et du tableau, du peintre et du champ de blé, de la main qui caresse et du corps qui frémit, du moi dissous et de l'événement qui advient. Vivre à même le monde, emporté par lui, ne faire qu'un avec ce qu'on aime. Tout le reste n'est que vanité. Tel est donc le souci qui mobilise le vitaliste, et c'est, ici aussi, un souci de présence ou de fusion. Comme le croyant se tendait vers Dieu seul afin de se perdre en lui, il se tend à son tour vers la vie pour se perdre en elle, être force parmi les forces, intensité pure : devenir-imperceptible, quand bien même aurait-on à en passer par les formes. Et s'il conviendra parfois de rendre hommage à ces formes, aux œuvres d'un Bacon ou d'un Boulez, ce sera à la manière du culte que Saint Augustin préconisait pour les anges : saluer en elles l'acte de la vie, l'empreinte d'un devenir susceptible d'enclencher à son tour d'autres devenirs...

L'ART POUR L'ART...

Ne pourrait-on, à la différence de cette pensée qui considère le monde en termes de flux et de présence, proposer une réflexion qui fonctionnerait quant à elle autour des notions de *forme* et de *distance*, sans pour autant retomber dans l'essentialisme stigmatisé par Deleuze ? Quels seraient les exigences et les concepts d'une telle démarche ? Quels en seraient les problèmes et les axes directeurs ? Si une telle entreprise ne relève assurément pas des possibilités d'une conclusion, à tout le moins voudrions-nous suggérer quelques directions d'enquête ou quelques étapes d'une réflexion à construire ailleurs[1]. Il conviendrait en premier lieu d'interroger le souci qui, selon nous, est à la base de l'entreprise deleuzienne comme peut-être de toute entreprise philosophique, à savoir le *traumatisme implicite* provoqué par la « médiocrité » des instances mondaines (le monde ou la vie tels qu'ils sont « en général et le plus souvent »). La philosophie n'est-elle pas, selon le mot de Novalis, intrinsèquement nostalgie, au sens plus que jamais rimbaldien d'un désir éperdu de la *vraie vie* ? N'est-elle pas désir de donner au monde (à ses lois ou à ses aléas) une consistance, une intensité, ou une « pertinence »,

---

1. *Cf.* M. Buydens, *L'image dans le miroir*, Bruxelles-Paris, La Lettre Volée, 1998.

supérieure à celle qu'il présenterait « spontanément » ? Donner au chaos du monde une Unité, ou au contraire faire du petit chaos quotidien le lieu d'une Grande Santé possible, mais en tous cas dépasser la médiocrité du monde, fût-ce de cette subtile façon qui consiste à la revendiquer. Dans cette optique, la philosophie pourrait être vue comme une manière de donner à la vie ou à ce monde un « supplément d'âme » ou d'intensité.

Nous dirions alors qu'il y a, schématiquement, deux grandes façons de répondre à ce souci : la première voie serait celle de *l'essentialisme* tel que Deleuze nous en a présenté les mécanismes fondamentaux. Face au cours du monde, aux choses incertaines et fragiles, aux formes labiles et imparfaites, il postule un monde *d'essences dures et closes*, un monde d'idées claires et distinctes ou d'universaux univoques et éternellement identiques à eux-mêmes. De Platon à Descartes, il redresse les contours mous des formes en déployant *en* elles ou *au-dessus* d'elles un monde de formes denses, en les *doublant* d'un monde d'idées qui possèdent cette densité, cette unité et cette pérennité qui leurs font défaut. L'insuffisante densité des instances mondaines est ainsi redressée par ce surcroît de compacité qu'implique la postulation des idées ou des essences. Mais il en résulte que ces instances ou formes concrètes seront constamment rapportées à cet « arrière-monde », par ce travail d'arpentage qui est celui du Modèle et de la Copie.

Cette voie, qui exalte l'essence comme Forme Absolue et se fonde sur la distance qui sépare celle-ci de ses effectuations mondaines, Deleuze la nomme Représentation. Son expression esthétique sera, comme nous le savons, l'art optique, dont l'art byzantin représente la solution extrême. Notons cependant que cette pensée de la « représentation » n'est qu'en apparence, ou en un premier temps, pensée de la distance, en ce que l'ambition qui la travaille est précisément le désir de l'abolir : chez Platon, il s'agira de restreindre au maximum les différences entre le modèle et la copie ; chez Descartes, les idées claires et distinctes auront à être présentes à mon esprit, et exprimées avec la plus grande économie de signes possible… Aussi pourrait-on soutenir que la distance comme telle et les formes concrètes sont lestées d'une *valeur négative*, de telle sorte que l'idéal qui travaille en profondeur cette « représentation » reste un idéal de présence.

La seconde voie serait alors le *vitalisme* tel que l'exprime brillamment la pensée deleuzienne. Le point de départ en serait identique : tout fuit sur les sombres accords de la *Vergänglichkeit*, et les formes se plient et se déplient comme autant de vagues sur la mer du chaosmos… Mais la réaction est désormais toute autre, puisque cette fuite est exaltée comme le lieu même de nos accomplissements. Cette fois, ce n'est plus en surenchérissant sur leur densité possible que l'on dépassera la médiocrité des formes mondaines, mais en les rapportant au contraire à l'*aformalité absolue d'un transcendantal ou d'un Dehors présupposé*. L'intensité n'est plus attendue d'un surcroît de dureté essentielle, mais bien d'un surcroît de *fluidité* et de *précarité* qui affirme du même coup la *liberté intrinsèque* de l'homme ou, plus précisément, du monde. Cette pensée, qui trouve la vraie vie au ras de la vie elle même, dans la proximité de ses flux, pourra être définie comme une pensée de la présentation, et trouvera son expression esthétique dans l'art haptique.

Ces deux voies ayant été considérées, il conviendrait alors de se demander si il n'y a pas lieu d'en dégager une *troisième*, et quels seraient les présupposés et les implications d'une telle démarche. Le problème moteur resterait identique (comment « dépasser », ou comment supporter, la médiocrité du monde ?), mais les données en seraient modifiées puisqu'il ne s'agirait plus de le penser dans les limites de l'affrontement de l'essentialisme et du vitalisme, mais bien d'inventer un troisième terme qui se démarquerait de l'un comme de l'autre. Cette pensée aurait à s'articuler autour de deux axes majeurs. *Le premier de ces axes concernerait le statut qu'il convient d'octroyer à la forme.* L'exigence fondamentale de ce statut serait de soutenir une *véritable complémentarité* de la forme et de ce qui la subvertit (nous dirons, pour reprendre un terme deleuzien, les forces ou les flux). Nous savons que l'aménagement d'une authentique complémentarité exclut tout essai d'introduction du primat de l'un des termes sur l'autre, fût-il même implicite ou latent, mais suppose au contraire que ces deux termes se voient reconnus une même plénitude ou un même rang de dignité heuristique [1]. Or une telle complémentarité, qui nouerait en l'occcurrence en une relation de tension la forme et la force, n'est reçue ni par l'essentialisme ni par le vitalisme deleuzien. Si ce dernier se caractérise en effet par le primat de la force sur la forme (celle-ci n'étant, au mieux, qu'une concrescence de forces, et au pire le faire-valoir ou le garde-fou sur lequel elles s'appuient), l'essentialisme se caractérisera au contraire, mais en un contraire qui revient foncièrement au même pour ce qui nous occuppe, par le primat octroyé à la forme : l'essence, comme « épure » de toute forme ou Forme Absolue (absolument une, absolument claire, absolument close…), se voit investie de toute la positivité en ce qu'elle est le centre auquel se rapporte et se mesure toutes les formes concrètes, toutes les images ou toutes les copies; et la mobilité, l'imperfection ou l'ambiguité qui marquent ces formes concrètes, c'est-à-dire en fin de compte tous les symptômes des forces ou de la vie qui les traversent, seront perçus

---

1. J. Paumen, « Accomplissement et complémentarité », *Bulletin de la Société Française de Philosophie* 1979, p. 144-145.

comme autant d'indices de leur déchéance, comme autant de fêlures qui les séparent de leur modèle…

Ainsi donc, qu'il s'agisse de l'essentialisme ou du vitalisme, l'affirmation du primat d'un des termes sur l'autre exclut l'établissement d'une véritable complémentarité entre ceux-ci. La première démarche que nous aurions à accomplir dans l'élaboration d'un nouveau statut de la forme serait dès lors d'abolir ces primats et de restaurer entre forme et force la relation de *tension* qu'exige cette véritable complémentarité. Cela suppose en premier lieu que la forme ne soit pensée *ni comme une instance dure et close* (l'essence comme forme dure ou absolue) *ni comme une instance molle et ouverte* (la multiplicité comme forme molle ou labile), mais peut-être comme une *forme trouée*, partiellement donnée (*a priori*) et partiellement à construire, partiellement claire mais percée d'une ombre, tout à la fois lestée d'éternité et trouée d'un devenir. À concevoir peut-être, en un certain sens, comme ces fonctions mathématiques selon Euler, qui *deviennent* par la déclinaison de leurs variables mais *sont* par l'immuabilité de leurs constantes et des relations qu'elles nouent. On ne peut en effet soutenir que la fonction non déclinée (c'est-à-dire remplie par la « quantité vide » x) bénéficie d'une quelconque dignité additionnelle ou d'une quelconque supériorité ontologique par rapport à la fonction déclinée, à la manière d'une essence primant ses effectuations concrètes comme autant d'approximations nécessairement imparfaites par ce fait même. Mais on ne pourrait par ailleurs considérer la fonction comme une multiplicité, un pli ou une « manière » au sens deleuzien puisqu'elle est *lestée d'immuabilité*, le devenir n'affectant jamais que l'espace limité des variables. En d'autres termes, il ne s'agirait rien moins que de risquer la pensée d'un essentialisme « troué » doublé d'un constructivisme relatif…

Ce concept de « forme troué », dont il faudrait développer le statut, ouvrirait à son tour sur la détermination d'une démarche esthétique spécifique [1] : alors que le vitalisme deleuzien se caractérise sous ce rapport par la soumission de l'art à un principe de *catamorphose* (ambition deleuze-baconienne d'une dé-formation des formes afin d'en libérer les forces), et que l'esthétique de l'essentialisme peut être définie comme le règne d'un principe *d'anamorphose* (ambition de tout art représentatif qui entend redresser ses formes pour les faire les plus figuratives et les plus signifiantes possible : redresser l'image pour l'amener au plus près du Modèle ou de l'Idée), la démarche esthétique qui se fonderait sur l'assomption d'une complémentarité véritable (dans le concept de forme troué) serait régie par un principe de *métamorphose* (les formes ne sont rapportées ni à un Modèle ni à la Vie ; elles ne sont ni redressées ni déchirées, mais seulement superposées et trans-posées selon le principe que Deleuze présentait comme consti-tutif de l'art abstrait : on ne peut que traduire un régime de formes en un autre régime de formes, changer de variables ou d'alphabet formel…).

Le *second axe* selon lequel devrait se développer notre réflexion concernerait le problème (corrélatif à la question de la forme) du *statut à conférer à la notion de distance*. Nous savons que, l'un comme l'autre, l'essentialisme et le vitalisme exaltent la présence, mais elle sera tantôt recherchée « dans les cieux », dans une coïncidence avec les idées, tantôt « au ras du sol », dans une coïncidence avec les forces de la vie. Enrichir la problématique, ou risquer une troisième voie, supposerait alors d'exalter la *distance*, c'est-à-dire d'en faire une donnée en soi positive. On pourrait se demander en effet si cet idéal de fusion qui trame la pensée deleuzienne (fusion dissolvante du

1. Incarnée par le maniérisme, *cf.* M. Buydens, *op. cit.*

moi avec les forces de la vie, fusion de l'œil et du tableau dans le mouvement de la sensation…), quand bien même ne serait-il pensé que comme un horizon, ne se solde pas d'une *perte* qui ne serait autre en fin de compte que celle de la dimension la plus humaine en l'homme : le sentiment de l'exil et de l'étrangeté, la fêlure de la conscience de soi, en un certain sens, le « *en tant que* » heideggerien. On sait en effet que ce qui, pour ce dernier, différencie l'homme de l'animal, c'est précisément cette faculté qu'a celui-là de saisir la chose *en tant que* chose, le monde *en tant que* monde. Or, qu'implique cet « en tant que » si ce n'est justement une *distance* (désormais positive) de moi à moi et de moi à l'objet ? Et n'est-ce pas l'expérience même de l'humanité que l'épreuve de cette distance, de cette impossible fusion ? N'est-ce pas le plus humain en l'homme que cet interstice de conscience, que cet intervalle à jamais creusé par l'étonnement ? Et puis, au-delà de toute réflexion théorique, et bien plus profondément peut-être, *l'amour lui-même* n'est-il pas exaltation de la distance ? Tristan aime Iseult parce qu'elle est *inaccessible*, et lorsqu'ils se rejoignent, ils dorment séparés par un glaive, car c'est de la froideur de la lame qui les sépare que dépend l'ardeur de leur passion : « ils agissent comme s'ils avaient compris que tout ce qui s'oppose à l'amour le garantit et le consacre dans leur cœur, pour l'exalter à l'infini dans l'instant de l'obstacle absolu qui est la mort »[1]. L'amour est assomption de ce qui déchire et sépare : aussi l'amant se doit-il de cultiver cet intervalle salvateur sans lequel toute passion s'étiole en une inerte coagulation. Les anciens grecs le savaient bien, puisque c'est pour avoir ignoré cet interdit qu'Ouranos, vautré sur Gaïa sans intermède ni interstice en un désir de totale fusion, sera émasculé par son fils Cronos : l'amour non fécondé par la distance tourne en

---

1. D. de Rougemont, *L'Amour et l'Occident*, Paris, 10/18, 1982, p. 38.

mouvement d'indifférenciation, et appelle la déchirure salvatrice du couteau. Eros ne va pas sans Eris, afin que le désir ne se
résolve en son accomplissement… Et dans cette exaltation de
la distance, qui n'est plus perçue comme une béance à combler
mais comme la matrice d'une tension créatrice, nous retrouvons l'idée fondatrice de la complémentarité : *par l'égale*
plénitude que celle-ci confère aux termes qu'elle unit, elle
génère et suppose entre eux une relation d'indépassable
tension, c'est-à-dire le travail infini d'une distance positive.

Aussi croyons nous que vivre intensément ne se décline
pas sur le mode de la présence, mais sur celui, infiniment plus
terrible, de la distance qui unit ce qu'elle sépare.

TABLE DES MATIÈRES

AUTOUR DE DELEUZE

À LA MÊME LIBRAIRIE

L'image. Deleuze, Foucault, Lyotard, coordination scientifique Thierry Lenain, Les Annales de l'Université Libre de Bruxelles, Paris, Vrin, 1997.

Deleuze, coordination scientifique Pierre Verstraeten et Isabelle Stengers, Les Annales de l'Université Libre de Bruxelles, Paris, Vrin, 1998.

EN DIFFUSION

Gilles Deleuze, sous la direction de Stéfan Leclercq, « Concepts », Hors-série, n° 1, Mons, Sils Maria, 2002.

Gilles Deleuze, sous la direction de Stéfan Leclercq, « Concepts », Hors-série, n° 2, Mons, Sils Maria, 2003.

Alain Beaulieu, *Gilles Deleuze et la phénoménologie*, Mons, Sils Maria, 2004.

Le vocabulaire de Gilles Deleuze, sous la direction de Robert Sasso et Arnaud Villani, Les Cahiers de Noesis, n° 3, Centre de Recherches des Histoires des Idées, UMR 6045, Nice, Éditions du CNRS, 2003.

ACHEVÉ D'IMPRIMER
EN OCTOBRE 2005
PAR L'IMPRIMERIE
DE LA MANUTENTION
A MAYENNE
FRANCE
N° 285-05

Dépôt légal : 4ᵉ trimestre 2005